WESTEND

KLAUS GIETINGER

VOLLBREMSUNG

Warum das Auto keine Zukunft hat
und wir trotzdem weiterkommen

WESTEND

Mehr über unsere Autoren und Bücher:
www.westendverlag.de

Die Deutsche Nationalbibliothek verzeichnet diese Publikation in
der Deutschen Nationalbibliografie; detaillierte bibliografische Daten
sind im Internet über http://dnb.d-nb.de abrufbar.

ISBN 978-3-86489-280-6
© Westend Verlag GmbH, Frankfurt/Main 2019
Umschlaggestaltung: Buchgut, Berlin
Satz: Publikations Atelier, Dreieich
Druck und Bindung: CPI – Clausen & Bosse, Leck
Printed in Germany

Inhalt

»Das Auto überfährt lakonisch die Fußgänger. Es frisst sich hinein in die Wand eines Schuppens, oder es rast schmunzelnd einen Abhang hinunter. Es ist an nichts schuld. […] Es erfüllt nur seine Bestimmung: Es ist berufen, die Menschen auszurotten.«

(Ilja Ehrenburg, Das Leben der Autos, 1929)[1]

Vorwort

»Das Auto ist eines der dümmsten technischen Geräte, die derzeit auf dem Markt sind.«

(Klaus Haefner, 1991)

Der Planet ist nicht in Gefahr, aber die Menschen auf ihm. Die Klimakatastrophe und unser Dreck könnten ihn unbewohnbar machen. Deswegen ist die »Verkehrswende« in aller Munde. Doch wie eine solche Wende aussehen soll, ist Pudding – oder besser Gummi –, genauso wie das Wort »Nachhaltigkeit«.

Während Schülerinnen weltweit auf die Straße gehen, an den »Fridays for Future«, von der protestantischen Physikerin Merkel gelobt, von der katholischen deutschnationalen Kramp-Karrenbauer und dem katholischen Ex-Maoisten Kretschmann verhöhnt, sich Diesel- und Klimagate aber nicht verdrängen lassen, peitscht die gleiche Frau Merkel als Bundeskanzlerin Gesetze durch den Bundestag, die Grenzwerte entwerten, hält den USA vor, sie seien mit ihren Grenzwerten zu streng, telefoniert mit den Alkoholjunkie Junker – und der weicht zusätzlich europaweit alles auf, was die Autolobby, das Drogenkartell, aufgeweicht haben möchte. Und die CDU droht denen, die ihren Finger auf die Wunde legen wie die Deutsche Umwelthilfe (DUH) mit der Entziehung der Gemeinnützigkeit – und das ist gemeingefährlich, ja tödlich.

Gleichzeitig findet der aktuelle Verkehrsminister, der seinen Doktor mobil in Prag erworben und sich dann dabei freiwillig ausgebremst hat, Lungenärzte mit Rechenschwäche, die von

Dermatologie keine Ahnung haben und schon bei Sauerbruch durchs Examen geflogen wären, super, hält ein Tempolimit auf der Autobahn »gegen den gesunden Menschenverstand« und bietet als Mobilitätsalternative das autonome Flugtaxi an. Sollte er einen ganz guten Tag haben, weiß er noch eine Lösung: »Mehr Güter von der Straße auf die Schiene.«[1] Ein Satz, den bislang jeder Verkehrsminister von sich gegeben und keine Taten hat folgen lassen, genauso wie praktisch jeder Politiker seit 60 Jahren links blinkt, für mehr öffentlichen Verkehr ist, aber dann rechts abbiegt, Auto fährt und das Auto fördert, subventioniert und dem Autokartell in den Auspuff kriecht, wo es nur geht.

Doch die Zeit ist reif.

Das Auto ist eine Massenvernichtungswaffe, es tötet jährlich Millionen Menschen, zerstört die Umwelt und die Atmosphäre und entwickelt sich zum Klimakiller Nr. 1. Schuld daran ist eine allmächtige Autoindustrie, die zwar von Krise zu Krise stolpert, aber hinterher – unter Verkündung von Scheinalternativen – den jährlichen Ausstoß an Autos von Mal zu Mal erhöht. Die Welt wird zugemüllt mit Kfz, die sich Tod und Verderben bringend über die ganze Welt verbreiten.

Autofahren macht süchtig. Wir sind die Junkies. Und die Konzerne, die Regierungen, die Verkehrs- und Umweltminister sowie große Teile der Medien bilden ein Drogenkartell, das uns an der langen Leine der motorisierten angeblich individuellen Mobilität hält. Wollen wir nicht an die Wand fahren, ist es Zeit für eine Vollbremsung.

Nie war der Moment günstiger: Dieselgate, Feinstaub-, Stickstoffgate, drohende Klimakatastrophe und massenhaft Mikroplastik durch Reifenabrieb im Meer. Smog und Stau allüberall auf dem Globus. Es mehren sich die Zeichen, dass sich die Menschen, vor allem die jungen in den Ballungsräumen, dies nicht mehr gefallen lassen: Schüler schwänzen die Schule, um den Planeten zu retten – das Auto ist für sie kein Fetisch mehr.

Dieses Buch zeigt, wie wir weiterkommen, ohne so weiterzufahren. Wir brauchen keine Sonntagsreden – wir brauchen mehr als eine Verkehrswende, wir brauchen eine Verkehrsrevolution. Niemandem wird dabei das Auto weggenommen, aber in 20 Jahren bräuchte niemand mehr eines oder nur ganz wenige Menschen – und dann bestimmt nicht die Reichen.

Das Buch befasst sich zentral mit Deutschland, seinen Autokonzernen, die mächtigsten der Welt, die unter anderem 80 Prozent des Premium-Pkw-Marktes beherrschen und die nicht nur beim Autokonsum weltweit Vorbild sind, sondern auch federführend beim Stau, bei der Umweltverschmutzung, bei Dieselgate – Köln, Stuttgart zählen zu den schmutzigsten Autostädten der Welt – und beim Verhindern von Maßnahmen gegen den menschenfeindlichen Autoverkehr. Am deutschen Autowesen soll die Welt genesen, doch sie wird daran krank und immer kränker, wenn wir nicht eingreifen. Daher befasst sich das Buch auch mit der Situation in der EU und anderen Regionen. Eine wirkliche Wende in Deutschland und der EU, dem zweitgrößten Autoproduzenten der Erde, hätte eine extrem heilende Wirkung in der ganzen Welt.

Mobil ohne Auto, aber mit viel Spaß und Fortkommen, ohne immer weiter wegzumüssen, ist das Gebot der Stunde. Steigen Sie ein, springen Sie auf, gehen Sie Ihren Weg!

1 Massenvernichtungswaffe Auto

»Das System Auto ist die blutigste Mobilität aller Zeiten.«

(Hermann Knoflacher, 2013)

Unfalltote

Alle 23 Sekunden stirbt auf der Erde ein Mensch durch einen Autounfall. Das sind knapp 3 700 am Tag oder 1,35 Millionen im Jahr.[1] Es ist die Todesursache Nr. 1 für Kinder und junge Menschen von 5 bis 29 Jahren. Und alle 60 Sekunden wird irgendwo auf dem Globus ein Fußgänger totgefahren.

3 700 Kfz-Tote: Stellen Sie sich vor, jeden Tag würden 2,5 Titanics untergehen, 7 vollgestopfte Jumbojets 747-600 abstürzen oder 37-Mal das schlimmste deutsche Zugunglück (Eschede 1998) geschehen. Wie gesagt, täglich. Dürfte da noch jemand fliegen oder mit dem Zug fahren?

Und diese Zahl steigt mit jedem neuen Jahr. Vor 15 Jahren habe ich mit allen zur Verfügung stehenden Daten und einem einfachen Modell – das bislang niemand widerlegt hat – ausgerechnet, wie viele Menschen bis 2005 weltweit durch Kfz-Unfälle zu Tode gekommen sind. Mit den Daten der WHO weitergerechnet, komme ich bis 2020 auf knapp 70 Millionen. Da sind die Umwelttoten und die Klimakatastrophe noch nicht mitberücksichtigt.

Vor 25 Jahren schätzte das Umwelt- und Prognose-Institut (UPI) die Folgen der bevorstehenden globalen Motorisierung bis 2030[2] und prognostizierte etwa 1,25 Milliarden Pkw für 2018.

Das ist genauso passiert. Das UPI sagte zudem für 2010 1,27 Millionen Straßenverkehrstote voraus. Auch das ist genauso eingetreten.

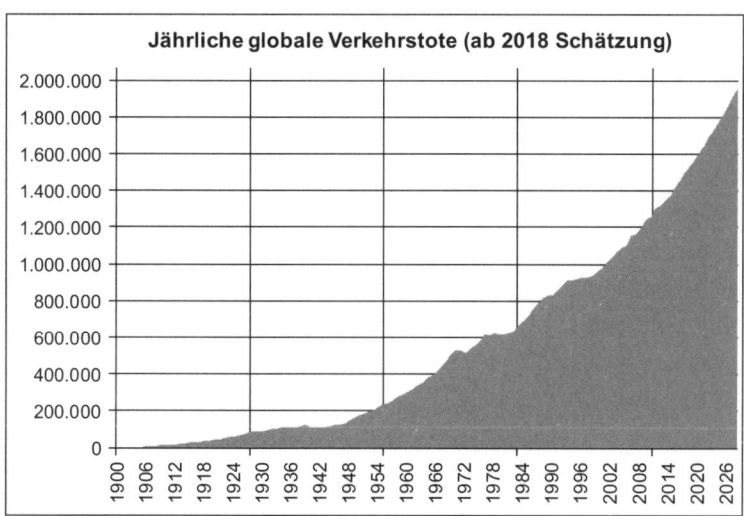

Abbildung 1: Quelle: Weltbank, TRL, Gietinger 2006.

Sehen wir uns die Prognosen im Einzelnen an. Dem UPI zufolge wird es in 10 Jahren global etwa 2,3 Milliarden Pkw geben. Das heißt, der Bestand wird sich, wenn es so weitergeht, fast verdoppeln, was laut UPI 2,5 Millionen Tote pro Jahr im Straßenverkehr bedeuten wird. Die Zahl der Verletzten schätzt das Institut auf 60 Millionen pro Jahr. Das deckt sich in etwa mit den Werten der WHO.[3] Nimmt man als Basis jedoch die Daten einer Weltbankstudie[4] kommt man auf etwas geringere Werte, auf knapp 2 Millionen Tote. Nach eigenen Datenerhebungen und neuesten Zahlen, schließe ich mich diesen eher konservativen Prognosen an, die etwas höheren Werte sind aber durchaus denkbar. Die höchsten Opferzahlen werden übrigens wie schon heute in Afrika, Asien, Arabien und Lateinamerika zu verzeichnen sein. Diese Kontinente stellen derzeit immer noch die geringste Pkw-Dichte, aber 90 Prozent der Toten.

Das Ende dieser Steigerung ist erst erreicht, wenn sich überall auf der Welt ein gewisser Wohlstand eingestellt hat. Elizabeth Kopits und Maureen Cropper haben in ihrer Studie für die Weltbank den Scheitelpunkt errechnet, ab dem in den derzeit niedrigmotorisierten Ländern die Zahl der Straßenverkehrstoten analog zu den hochmotorisierten Ländern zurückgehen wird.[5] Sie wagen folgende Vorhersage: Erst wenn das jährliche Bruttoinlandsprodukt in einem Land 13 165 Dollar pro Kopf [6] beträgt, kann sich die Mehrheit ein Auto leisten, das relativ perfekt gesichert ist, in der Großstadt nur langsam vorankommt und daher weniger Menschen tötet. Erst dann ist auch das Rettungssystem so weit, Opfer ins häufig verkrüppelte Leben zu überführen. Erst dann sind die Kinder von der Straße geholt und die Radfahrer und Fußgänger so weit in ihrer Mobilität eingeschränkt worden, dass sie gleich lieber ins Auto steigen. Und erst dann sinken die Opferzahlen.[7] Dieser »Wendepunkt« wird selbst bei weiterem Wirtschaftswachstum weder in den Schwellenländern noch in China vor 2030 erreicht. Indien ist frühestens im Jahr 2042 so weit, Brasilien sogar erst 2050. Nur wenn diese Bedingungen erfüllt sind, können die Opferzahlen sinken, pendeln sich dann allerdings auf hohem Niveau ein.

Was hohes Niveau heißt, belegt eines der höchstmotorisierten Länder der Erde, die USA. Zwar lag der Scheitelpunkt 1972 bei 55 685 Toten, doch hat sich die Reduktion der Opferzahlen auf hohem Niveau eingependelt. Fast 40 000 Menschen starben 2018 in den USA durch einen »fatal crash«, einen Autounfall. Seit Beginn der Motorisierung insgesamt 3,8 Millionen.

Das heißt, es wird auch nach 2050 weit über zwei Millionen Straßenverkehrstote jährlich geben, egal wie die Milliarden Kfz angetrieben sind. Kommt es global in den nächsten Jahren zu Wirtschaftskrisen, was anzunehmen ist, wird sich der globale »Wendepunkt« noch weiter hinausschieben.[8] Es ist aber auch denkbar, dass diese Wohlstandswerte von diesen Ländern aufgrund der Klimakatastrophe, der autobedingten Umweltver-

schmutzung und der Auswirkungen des Flächenverbrauchs des
Kfz gar nicht erreicht werden.

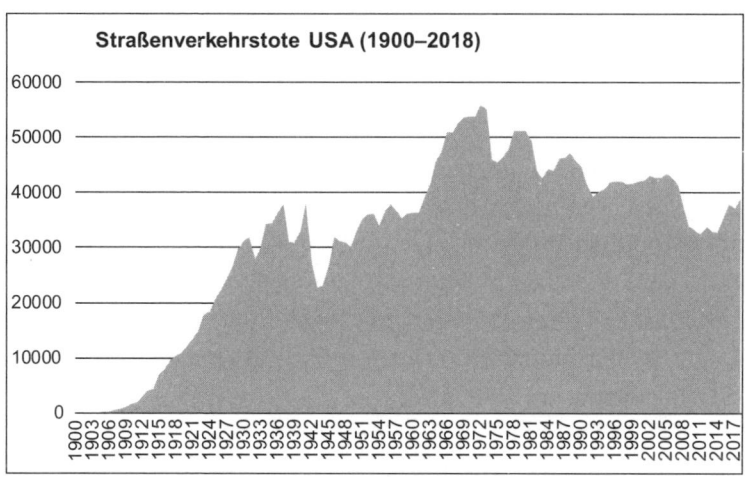

Abbildung 2: Quelle: NHTSA (National Highway Traffic Administration).

So klafft in China eine gigantische Schere zwischen dem breiten
sogenannten Speckgürtel im Osten und dem Innern und Westen
des Landes – auch deshalb sind Millionen Wanderarbeiter unterwegs. Gleiches in Indien, wo es Megacitys mit Wohlhabenden im
Zentrum und gigantischen Slumbereichen außerhalb gibt. Die
Kluft zwischen Stadt und Land verschärft sich in beiden Ländern
dramatisch. Das heißt, es könnte auch dauerhaft enorm hohe
Opferzahlen geben.

Widmet man sich den Verletzten, so kann errechnet werden,
dass allein im Jahr 2030 durch Unfälle 5,7 Millionen Menschen
für den Rest ihres Lebens zu Behinderten werden, zurzeit dürften es 4 Millionen sein.[9] Das heißt, in den nächsten 10 Jahren
werden durch das Kfz circa 50 Millionen Krüppel produziert.

Insgesamt ergibt sich nach dem derzeitigen Trend[10] eine erhebliche Zunahme der jährlichen Todeszahlen und der Gesamt-
opferzahlen in den nächsten 10 Jahren.

	2030	1900 bis 2030
Tote	2 Millionen	70 Millionen
Verletzte	70 Millionen	3000 Millionen
Verkrüppelte		200 Millionen

Opferzahlen im Straßenverkehr.

Flächenverbrauch

Der Flächenbedarf des Autos für Fahren und Parken wird sich von 50 000 km² auf 200 000 km² erhöhen. Das ist eine Fläche fast so groß wie die der alten BRD.[11]

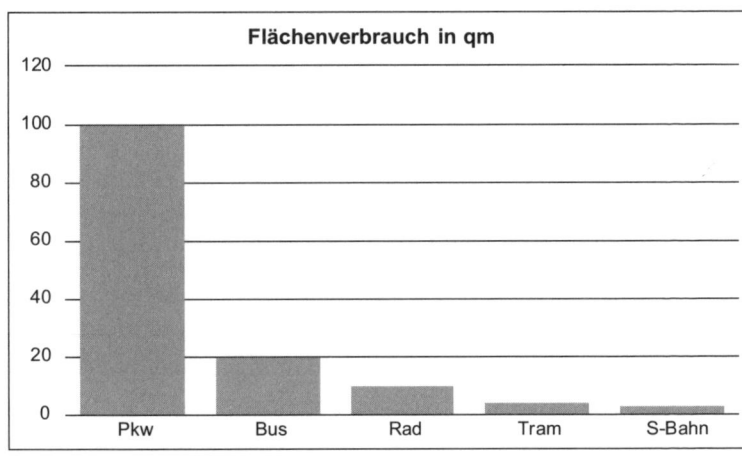

Abbildung 3: Flächenverbrauch pro Person im Stadtverkehr ohne Parken, Quelle: Monheim.[12]

Die zur Ernährung eines Menschen benötigte Fläche beträgt 2500 m². Das heißt, das Kfz raubt 80 Millionen Menschen die Nahrungsgrundlage. Unberücksichtigt bleibt hierbei der direkte Flächenverbrauch durch Zersiedlung (Suburbanisierung) und der indirekte Flächenbedarf durch Rohstoffabbau, landwirtschaftlichen Raubbau, durch Anbau von Biokraftstoffen, Beeinträchtigung der Natur durch Kfz-Verschmutzung und die Wachstumsdepression durch Sommersmog. Ebenso wenig berücksichtigt ist die durchs Kfz mitverursachte Klimakatastrophe. Eine teilweise oder gar vollständige (nicht erreichbare) Verlagerung vom Verbrennungsmotor auf Elektroautos wird nicht viel daran ändern, sondern andere Rohstoffe (Lithium, Kobalt, Seltene Erden, Grafit, Nickel) bis zu 3 000 Prozent gesteigert ausbeuten, die »üblichen« Rohstoffe (Kupfer, Mangan, Aluminium) vermehrt nutzen, den Bau von zusätzlichen Kohle- und Atomkraftwerken erzwingen, die Zahl der Kfz PS-gestärkt weiter erhöhen und sogar den CO_2-Verbrauch steigern. Und: Auch Elektroautos überfahren Menschen, doch dazu später.

In den Megacitys, aber auch allen anderen Großstädten, kommt es 2030 zu massiven Flächenproblemen, da ein Kfz fünfmal mehr Fläche beansprucht als ein Bus, 10-mal mehr als ein Rad oder die Bahn und 20-mal mehr als eine Tram. Der Ausbau immer autogerechterer Städte mit Stadtautobahnen und Megahighways wie jüngst in Mexico City macht aus Staus nicht nur noch größere Staus, sondern fördert die Entstehung von Satellitenstädten und die Zersiedelung.

Traditionelle Fahrradkulturen, zum Beispiel in China und in Städten wie Manila, Jakarta, Saigon und Dakar, haben längst das unmotorisierte Zweirad oder Dreirad (Rikscha) vertrieben, wie wir schon vor Jahrzehnten den Fuß- und Radverkehr. Tramsysteme, die in Deutschland und Europa fast alle aus den Herzen der Städte herausgerissen und beseitigt wurden, tauchen dort erst gar nicht auf. Der Rest der Welt zerstört gesunde Mobilitätssysteme in Anpassung an die westliche Kfz-Kultur. Teure U-Bahnen werden mit ihren großmaschigen defizitären Netzen keine Entlastung bringen, genauso wenig wie Rumpfmagnetbahnen und Hochgeschwindigkeitsbahnsysteme. Die Eisenbahnen werden dann wie in den jetzigen hochmotorisierten Ländern beschnitten, stillgelegt und nur auf wenige Bolzstrecken beschränkt.

Doch wie der Westen Vorbild für den tödlichen Siegeszug des Autos war, könnte er es auch für die Überwindung des Kfz-Kults sein.

Umweltzerstörung

Die Zukunft der Umwelt sieht für 2030 und später nicht gerade rosig aus. Die Prognosen des UPIs sind niederschmetternd, teils sogar überholt. Es wird geschätzt, dass es in 10 Jahren 2 300 000 000 Pkw auf der Erde gibt – was einer Kfz-Flotte von 3 000 000 000 Fahrzeugen entspricht! Etwa dreimal so viel wie 2010 und mehr als doppelt so viel wie heute.

Bei einer angenommenen starken Reduktion des Verbrauchs pro Auto prognostizierte das UPI, dass der jährliche Pkw-Kraftstoffverbrauch sich gemäß dieser eher vorsichtigen Schätzung 2030 auf 1,3 Milliarden Tonnen belaufen werde. Doch das UPI hatte sich an der Stelle verschätzt, und zwar nach unten: Schon 2016 verbrauchte die weltweite Kfz-Flotte – also alle Pkw, Lkw, Busse, Mopeds, Motorräder, Motorroller, Traktoren – 1,7 Milliarden Tonnen Öl. Geht man davon aus, dass Pkw drei Viertel davon schlucken, so ist der vom UPI prognostizierte Wert schon längst erreicht.

Ein allen Beteuerungen zum Trotz bald unstillbarer Durst. Obwohl durch das extrem umweltschädliche Fracking die Ausbeutung der Erdölreserven der Erde nochmals stark gesteigert wurde – statt 135,7 Milliarden Tonnen 1994 belaufen sich die förderbaren Reserven laut BP inzwischen auf 240,7 Milliarden Tonnen –, wird das Öl, wenn es so weitergeht, nicht mehr sehr lange reichen. Denn 2016 wurden weltweit 4,418 Milliarden Tonnen verbraucht – gut die Hälfte davon durch Kfz, Schiffe und Flugzeuge. Das heißt, wenn es dabei bliebe, was natürlich Unsinn ist, hätten wir noch gut 54 Jahre. Es wird aber nicht mehr so lange dauern: bei einem linearen Anstieg des Verbrauchs – und der ist derzeit die Regel – nur noch 40 Jahre. Die Zeit wird also extrem knapp.

Das UPI prognostizierte für 2030[13] fast eine Verdoppelung sowohl des Primärenergieverbrauchs als auch der CO_2-Emissionen bei Pkw. Das Elektroauto wird nichts daran ändern beziehungsweise die Situation nur noch verschlechtern – völlig egal, wie hoch sein Anteil dann sein wird.

Die Stickoxid-Emissionen (NO_x) steigen demzufolge auf 35 Millionen Tonnen pro Jahr. Auch das äußerst giftige Kohlenmonoxid (CO), in unseren Köpfen schon fast verdrängt, wird sich vermehrt zurückmelden, nachdem der Ausstoß Ende der 1980er Jahre sank und bis 2000 etwa konstant auf 55 Millionen Tonnen blieb. Es wird sich – aufgrund des gigantischen Kfz-Flottenwachstums, das fast alle technischen Fortschritte in der Entwicklung abgasarmer Motoren zunichtemacht – auf fast das Doppelte steigern. Auch die Kohlenwasserstoffe VOC (Volatile Organic Compounds, flüchtige organische Verbindungen), darunter die besonders toxischen Benzpyren und Benzol, werden nach ihrem Rückgang in den 1980er Jahren von 10 Millionen Tonnen pro Jahr auf knapp 14 Millionen Tonnen erheblich zunehmen. Stickstoffdioxid (N_2O), ein äußerst gravierendes Treibhausgas, wird im Gegensatz zu den anderen Giften durch den Katalysator geradezu vermehrt und zwei- bis dreimal so hoch sein.

Das gesamte belastete Luftvolumen 2030 wird auf 600 Millionen km^3/Jahr steigen.»Dies entspricht einem mit Abgasen bis zum Grenzwert belasteten Luftpaket über der gesamten Erdoberfläche (Festland + Ozeane) von Meereshöhe bis 1 km Höhe oder etwa einem Zwölftel des gesamten Luftvolumens der Erdatmosphäre, das in Zukunft pro Jahr durch Autoabgase bis zum Grenzwert belastet wird. Nur ein permanentes Auswaschen der Schadstoffe aus der Atmosphäre (und Umwandlung z. B. in saure Niederschläge) verhindert, dass die Atmosphäre dadurch dauerhaft vergiftet wird.«[14] Wie gesagt: Die Rede ist einzig und allein von Pkw – Lkw, Motorräder und andere fahrbare Geräte sind nicht mitgerechnet.

Diese Prognosen decken sich mit den Forschungsergebnissen des unabhängigen Verkehrswissenschaftlers Michael P. Walsh aus den USA, der die Luftverschmutzung durch Kfz (ohne Zweiräder) bis 2030 berechnet hat und zu ähnlichen Ergebnissen kommt.

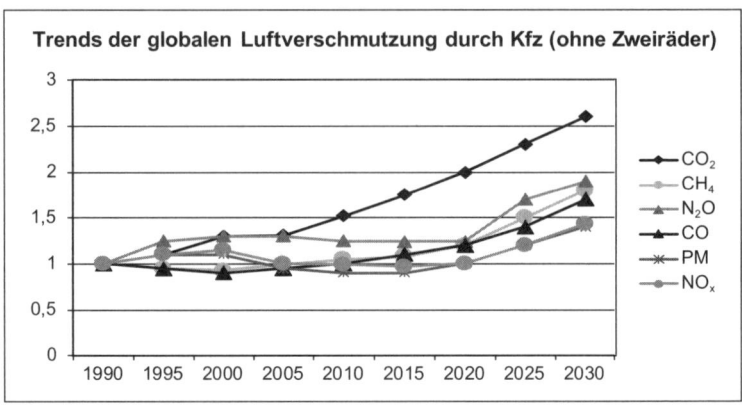

Abbildung 4: Quelle: Walsh 2008.

NO_x sind die Stickoxide und PM ist der Feinstaub, der auch in Europa für Hunderttausende von Toten verantwortlich ist[15] und wesentlich vom Kfz-Verkehr trotz allgemeinem Rückgang in der EU immer noch produziert wird. In den Ballungsgebieten Asiens, den Vereinigten Arabischen Emiraten, Zentralafrika und Teilen Lateinamerikas herrscht dickste tödliche Luft. Dabei ist zu beachten, dass nicht nur die Motoren der Fahrzeuge den Feinstaub produzieren, sondern ein hoher Anteil des Kfz-Feinstaubs allein durch Abrieb, Bremsen und Staubaufwirbelung aller Motorfahrzeuge entsteht.[16] Während in der EU ein Rückgang erreicht wurde, schätzt die WHO die gesamten weltweiten vorzeitigen Todesfälle auf jährlich 4,2 Millionen. Der Straßenverkehr hat daran global einen wesentlichen Anteil.

Was vor 10 Jahren noch niemanden interessiert hat, ist das Mikroplastik im Meer. Nicht Kleidung und auch nicht Zahnpastatuben sind hier die Hauptverursacher, nein, Nr. 1 ist der Reifenabrieb motorisierter Fahrzeuge: Er macht etwa ein Drittel aus – und Forscher in Norwegen ermittelten 2017 sogar einen Anteil von

56 Prozent. Das sind allein für Deutschland (plus Abrieb des Fahrbahnasphalts und der Fahrbahnmarkierungen) gut 126 000 Tonnen pro Jahr, mit denen die Nord- und Ostsee vergiftet und deren Fauna und Flora empfindlich geschädigt wird. Wie viele Opfer all dieser Dreck fordert, kann nicht so genau bestimmt werden wie die Zahl der Straßenverkehrsopfer. Doch eine weitere Studie der WHO versucht, aus den Verschmutzungswerten und aus Regionalstudien auch diese zu ermitteln. Danach sind durch die gesamtindustrielle Luftverschmutzung etwa dreimal so viel Tote wie durch Autounfälle zu beklagen. Wie hoch der Anteil der Autos an der Luftverschmutzung ist, wird nicht gesagt. Da das Kfz aber »eine Hauptquelle urbaner Luftverschmutzung in vielen Städten« ist, kann ihm auch ein hoher Prozentsatz zugesprochen werden.[17]

Man kann also davon ausgehen, dass derzeit zwischen 1,5 und 2 Millionen Menschen jährlich weltweit durch autobedingte Umweltverschmutzung sterben. Hierbei sind die Toten durch Lärm, welcher Herzinfarkte, Schlaganfälle oder Brustkrebs verursacht, und die CO_2-Toten, die ja nicht durch das Gas selbst, welches ungiftig ist, sondern »nur« indirekt durch die Klimaerwärmung produziert werden, noch nicht mitgerechnet. Auch Hermann Knoflacher geht von einer zweifach höheren Zahl an Toten durch Kfzbedingte Umweltverschmutzung als durch Unfälle aus.[18] Die Folge: Für 2030 ist mit 3 bis 4 Millionen Toten jährlich durch Kfzbedingte Luftverschmutzung zu rechnen.

Klimakatastrophe

Die Klimakatastrophe ist *ein* wichtiger Effekt des Kfz, aber nicht der einzige. In den Medien scheint es jedoch manchmal, als sei die Klimakatastrophe das *einzig* gravierende Umweltproblem. Dass das Kfz hieran einen hohen Anteil hat, wird oft unter ferner liefen diskutiert. Selbst die Fridays for Future nennen den Verkehr in ihren berechtigten Forderungen an letzter Stelle. Bei aller berechtigten Klimadiskussion gehen so die sonstigen katastrophalen Folgen der globalen Kfz-Gesellschaft meist unter oder erscheinen – bis auf die Stickoxide und den Feinstaub – nicht erwähnenswert.

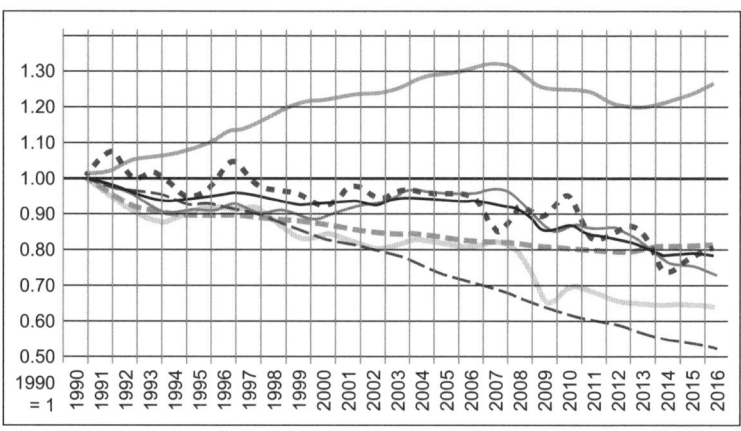

Abbildung 5: Veränderung des CO2-Ausstosses verschiedener Bereiche (Industrie, Energieproduzenten, Haushalte, Landwirtschaft und Verkehr). Die oberste Linie ist der Verkehr. Quelle: Pocketbook Transport EU 2018.

Das Auto führt grundsätzlich Krieg gegen die Menschen, die Umwelt und ein gesundes Klima. Deshalb ist der verharmlosend als »Klimawandel« bezeichnete Vorgang des zunehmenden Treibhauseffekts in diesem Zusammenhang nur ein Aspekt, allerdings ein wichtiger. Außerdem: Zu den schlimmsten Klimasündern zählt natürlich das Kfz. In meinem Buch *Totalschaden* schrieb ich vor 10 Jahren: »Die globalen Gesamt-CO_2-Emissionen werden von heute 29,3 Mrd. Tonnen auf 44 Mrd. Tonnen im Jahr 2030 ansteigen.«[19] Nun, 2018 sind wir schon bei 33,1 Milliarden[20] beziehungsweise nach anderen Schätzungen bei 37,1 Milliarden Tonnen.[21]

Auch in der EU nahm, während die Ausstoßmenge aller anderen Treibhausgasproduzenten rückgängig war, die des Verkehrs von 1990 bis 2016 um 28 Prozent zu.[22]

Während von 1990 bis 2016 in der EU die Industrie ihren CO_2-Ausstoß auf gut 60 Prozent, die Energieproduzenten auf gut

70 Prozent, Land- und Forstwirtschaft und die privaten Haushalte auf knapp 80 Prozent reduzieren konnten, stieg der des Verkehrs auf 128 Prozent. In Deutschland ist es ganz ähnlich. Zählt man die indirekten CO_2-Emissionen des Kfz-Verkehrs hinzu, kommt man sogar allein für den Kfz-Verkehr auf 29 Prozent!

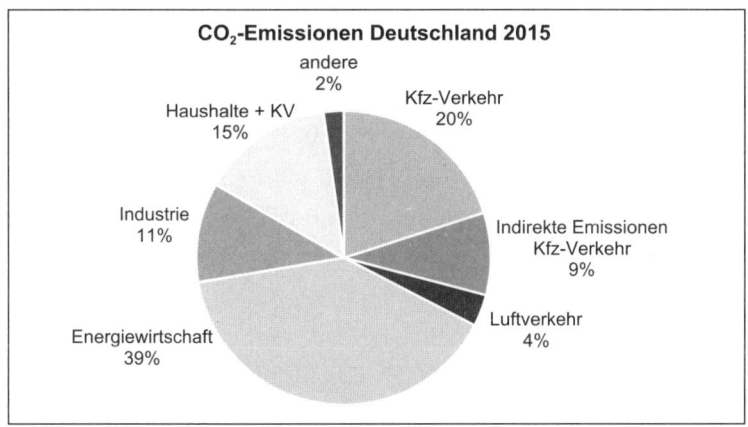

CO_2-Emissionen Deutschland 2015

andere 2%
Kfz-Verkehr 20%
Haushalte + KV 15%
Industrie 11%
Indirekte Emissionen Kfz-Verkehr 9%
Energiewirtschaft 39%
Luftverkehr 4%

Abbildung 6: Quelle: UPI 2017. Zu den indirekten Kfz-Emissionen zählen Waschen, Werkstatt, Pflege, Strom für Ampeln, Tunnel, Straßenbeleuchtung, Straßenbau und Unterhalt, Reifenverbrauch, Produktion Kfz, Indirekte Emissionen Öl-/Treibstoffverbrauch.

Dabei macht schon die Herstellung eines Kfz einen großen Anteil aus, der oft nicht berücksichtigt wird. Ein Auto produziert – im Schnitt – bei seiner Herstellung einen »ökologischen Rucksack« von 30 Tonnen. Das heißt, pro produziertem Kfz werden Ressourcen benötigt, die dessen Gewicht bis um das 30-fache übersteigen. Und der ökologische Rucksack eines Elektroautos ist sogar noch viel größer.

Auf die Umweltverschmutzung und das Treibhausgas CO_2 umgerechnet, heißt dies: Wenn zum Beispiel der Betrieb, also das Fahren eines Kfz bei einer durchschnittlichen Lebensdauer von 12 Jahren, einer Leistung von 15 000 Kilometer pro Jahr und einem CO_2-Ausstoß von 170 Gramm pro km, insgesamt 30,6 Tonnen CO_2 produziert, so hat die Produktion vorher schon 7,65 Tonnen CO_2 verursacht – und beim Elektroauto noch viel mehr. Der Anteil des Verkehrs am Gesamtausstoß, verursacht durch Betrieb und Herstellung, in der EU liegt derzeit bei 28 Prozent.[23] Weltweit wird es 2030 jedoch noch weit schlimmer aussehen. Gelingt es, die übrigen Treibhausgasemissionen aus dem Energiesektor, der Industrie, der Landwirtschaft, den Haushalten et cetera weiter zu reduzieren – was eher möglich zu sein scheint –, wird der Anteil allein des Pkw-Verkehrs, bei dem diese Reduktion nicht gelingen kann, stark steigen.[24] Der Flugverkehr mit rapide wachsenden Anteilen und der Lkw-Verkehr würden dann den Rest besorgen. Das heißt, der Verkehr würde zum Todfeind eines gesunden Klimas gerade dann, wenn alle anderen Emittenten drastisch zurückgefahren werden könnten. Enorm hohe Opferzahlen werden die Folge sein:

Jahr	Tote
2020	3 Millionen
2030	5 Millionen
1900 bis 2030	200 bis 230 Millionen

Tote durch Straßenverkehrsunfälle und Kfz-Luftverschmutzung.

Die externen, also die nicht von den Besitzern und Herstellern getragenen Kosten des Autos gehen in die Hunderte Milliarden Euro jährlich, allein die Unfälle dürften 2 bis 4 Prozent des Weltwirtschaftsprodukts ausmachen. Die explodierende Infrastruktur kann irgendwann nicht mehr erhalten werden und verfällt. Längst ist dies nicht nur in den USA zu beobachten, sondern auch bei uns; die spätmotorisierten Länder werden schnell folgen. Der Flächenverbrauch für Fahren, Parken, Unterbringung und Treibstoffbeschaffung wird klimatische und vor allem auch ernährungspolitische Katastrophen ungeahnter Größe bewirken. Es dürften wieder mehr Menschen den Hungertod sterben, weil die erforderlichen Anbauflächen nicht mehr vorhanden sind, sondern dem Auto geopfert wurden. Das Öl geht zur Neige, und es findet sich kein Ersatzbrennstoff. Denn Wasserstoff-, Hybrid- und Elektroautos sind vom Wirkungsgrad dem Otto- oder Dieselmotor höchstens gleichgestellt, teilweise sogar unterlegen. Aus derzeit 1,25 Milliarden Kfz werden bald 2 oder 3 Milliarden. Für diese kann es schon bald keinen Brennstoff mehr geben. Keine Wasserstoff- oder Stromerzeugung wird dies packen, schon gar nicht aus erneuerbaren Energien. Es wird zum Crash kommen und vorher oder nachher zu Kriegen um die Rohstoffe, zu beispiellosen Umwelt- und Klimakatastrophen.

Wenn es allerdings so weitergeht, werden im Jahr 2100 circa 11,2 Milliarden Menschen 6,2 Milliarden Kfz fahren beziehungsweise hauptsächlich – Verbrenner genauso wie Stromer – im Stau stehen. Und in der übrigen Zeit werden diese Kfz Abermillionen Menschen auf der Straße durch den von ihnen produzierten Dreck beziehungsweise die entsprechenden Klimafolgen töten und das Leben von weiteren Milliarden Menschen bedrohen.

Fazit

Zurzeit sterben 1,35 Millionen Menschen jährlich auf den Straßen der Welt durch Verkehrsunfälle, Tendenz steigend. In 10 Jahren werden es fast 2 Millionen plus 70 Millionen Verletzte, davon 6 Millionen Verkrüppelte sein. Zählt man die Umweltbelastung durch das Kfz dazu, kommt man damit heute auf jährlich 3 Millionen, 2030 auf 5 Millionen per annum.

Bis dato sind 54 Millionen Menschen durch Autounfälle getötet worden, 2030 werden es 70 Millionen sein. Inklusive der autobedingten Umweltverschmutzung macht das von Beginn der Motorisierung an bis zum Jahr 2030 mindestens 200 Millionen Todesopfer – mehr als durch alle Kriege. Keine Technik hat je mehr Opfer gefordert.

Das Auto frisst zudem entgegen allen Sonntagsreden immer mehr Öl, das trotz immer schmutzigerer Fördermethoden vermutlich in 40 Jahren aufgebraucht sein wird. Dann ist nicht nur Schicht im Schacht, sondern das Kfz hat dann Teile der Erde vergiftet und sich einen immer größeren Anteil an der Klimaerwärmung herausgefahren, Hunger produziert und unglaublichen Raum gefressen. Umweltkatastrophen und Kriege folgen. Doch Halt, wer wird denn gleich in die Luft gehen? Bitte durchatmen, solange es noch klappt. Denn zum globalen Fahren gegen die Wand wird es nicht kommen. Wir legen eine Vollbremsung hin. Doch zuerst noch einige Ursachen.

2 Das Kapital ist maßlos, das Auto auch

Das treibende Motiv

Das Auto ist nicht dumm, kann es gar nicht sein – es ist ein Gerät. Autofahrer sind auch nicht per se dumm – ich habe schon die intelligentesten Süchtigen gesehen. Auch die Fabrikanten dieser Massenvernichtung sind nicht dumm – sie machen nur das, was die Aufgabe eines Kapitalisten ist: Profit. Zu Beginn der Motorisierung dachten sie übrigens, man würde mit dem Kfz nie große Profite machen können, eine Massenmotorisierung sei unmöglich, es gebe dafür kein Bedürfnis und das Ding sei letztlich auch zu teuer.

Autlervereine – »Autler« nannte man die Kraftfahrer früher – wie der ADAC und Rennfahrer – oder Rennfahrerinnen, wie die kürzlich verstorbene Heidi Hetzer – sorgten jedoch dafür, dass die Menschen, vor allem zuerst reiche Männer, die in Städten wohnten, angefixt wurden und plötzlich motorisiert sein wollten. Das Auto kam aus der Stadt gefahren, verbreitete sich von dort aus, und nicht, weil die Landbevölkerung mobil werden wollte. Faschisten wie der Kapitalist Henry Ford und faschistische Diktatoren wie Adolf Hitler und Benito Mussolini versuchten, den Wagen fürs Volk fahren zu lassen; Letztere wurden aber durch den von ihnen geführten Weltkrieg davon abgehalten, das Volk vermeintlich unbewaffnet zu mobilisieren. Erst nach dem Krieg schien das Massenauto in Europa und Japan profitabel und im Rest der Welt sogar erst viel später. Nur in den USA setzten sich Ford, sein Fließband, der Taylorismus und Tin Lizzie schon weit vor dem Zweiten Weltkrieg erfolgreich massenhaft in

Szene – »Fordismus« genannt. Das motorisierte Fortfahren kam hier früh in Mode.

Doch warum will der Kapitalist Profit machen? Warum erfasst uns der Tempovirus? Und warum muss um alles in der Welt immer mehr gefahren werden, bis der Himmel einstürzt? Vor dem Aufkommen des Kapitals wurden Waren (W) mit Geld (G) getauscht: W–G–W. Doch das drehte sich schnell um, denn Kaufleute wollten aus der Ware Geld machen, und zwar mehr Geld, als sie dafür ausgegeben hatten: G–W–G'. Sie kaufen mit Geld und verkaufen mit mehr, und somit ist G' größer als G. Nun wollen sie mit G' wieder ein Geschäft machen und hoffen, für neue Ware möglichst G" zu bekommen, noch mehr Geld. Ein Hamsterrad wird angeworfen, das sich immer schneller dreht. Denn je schneller der Kaufmann seine Ware umsetzt, umso schneller verdient er. »Zeit ist Geld«, sagte Benjamin Franklin: Je weniger Zeit Herstellung, Vertrieb und Verkauf einer Ware in Anspruch nehmen, desto schneller ist das Geld verdient. Und aus Geld wird Kapital (Geld in Bewegung), und schon hört diese Bewegung nie auf, oder sie ist, wie Marx sagte, »maßlos«.[1] Die Maßlosigkeit an und für sich ebenso wie die Maßlosigkeit der Bewegung sind vom System vorgegeben und nicht, weil der Einzelne von sich aus übermäßig gierig ist oder sich ständig bewegen will.

Mehr Lohn, mehr Auto

Da aber Geld keine Kinder bekommt oder wächst oder von selbst mehr wird, müsste jeder den anderen Kaufmann betrügen, um mehr Geld zu bekommen, weil ja im Ganzen nicht mehr da ist. Doch in der Regel wird nicht betrogen. Das Geld kommt also ursprünglich woanders her – nämlich aus der Produktion.

Man kann aus Geld nur mehr Geld machen, indem man andere für sich arbeiten lässt, zum Beispiel Autos bauen, und ihnen nur das an Lohn lässt, was sie zum Leben brauchen. Das war früher nur für Kleidung und Essen, konnte später aber bei steigendem

Wohlstand auch für ein Auto reichen. Den Rest steckt der Fabrikant beziehungsweise Kapitalist ein oder investiert einen Großteil davon wieder und kann noch mehr Arbeiter noch mehr Autos herstellen lassen und diese profitträchtig verkaufen. Damit man aber möglichst noch viel mehr herstellen kann, wird versucht, die Arbeitszeit zu verlängern und die Intensität der Arbeit zu erhöhen. Das stößt aber an natürliche Grenzen und ruft die organisierten Arbeiter beziehungsweise Gewerkschaften auf den Plan. Schafft man sich aber eine Maschine an oder neuerdings einen Roboter, kann man mit der gleichen, gleich ausgebeuteten Menge an Arbeitern mehr Autos verkaufen. Die Produktivität steigt. Sagen wir, die Autofabrik produziert statt vorher 10 000 nunmehr 15 000 Fahrzeuge. Und weil die Maschine oder der Roboter zusammen mit den Arbeitern mehr Masse schaffen, wird das einzelne Auto kostengünstiger, vergleichbar zum Beispiel mit der Entwicklung bei PCs, Laptops und Smartphones.

Das funktioniert auch dynamisch, das heißt, der Preis eines Produkts beziehungsweise Autos kann sogar steigen. Wenn dieser aber langsamer steigt als der Lebensstandard, können sich mehr Leute mehr Autos leisten. Ein VW-Käfer kostete 1961 circa 4 600 D-Mark,[2] ein vergleichbarer VW Up kostet 2019 etwa 10 000 Euro, also gut viermal so viel. Der Durchschnittslohn 1961 betrug in Deutschland 460 D-Mark, heute liegt er bei über 2 500 Euro, das ist mehr als das Zehnfache. Das heißt, der Lohn stieg um fast das Dreifache im Vergleich zum Billigauto. Das sind zwar Durchschnittslöhne, sie zeigen aber, wie viele Menschen sich in unserem Land ein Auto leisten können, von Gebrauchtwagen gar nicht zu sprechen.

Wirtschaftswachstum

Tendenzielle Verbilligung des Produkts durch Maschinen- und Robotereinsatz führt allerdings auch dazu, dass der Autofabrikant mehr Fahrzeuge verkaufen muss, um immer noch seinen

Reibach oder vielleicht noch ein bisschen mehr machen zu können. Das heißt, der Drang zu immer mehr gesellt sich zum Drang, die Waren immer schneller umsetzen zu müssen. Und schon haben wir durch die Maßlosigkeit der Bewegung des Kapitals zwei Maßlosigkeiten unserer Bewegung. Denn das zusammen treibt die ganze Gesellschaft an: Wir wollen immer schneller, immer weiter, immer mehr. Man nennt das euphemistisch »Wirtschaftswachstum«.

Das ist statistisch belegbar. Die mittlere Transportweite, also die durchschnittliche Länge des Transportwegs, von Produkten steigt in der Regel mit jedem Jahr um mindestens 2 Prozent.[3] Und seit Jahren sind wir weiter unterwegs, schrubben mehr Kilometer herunter.

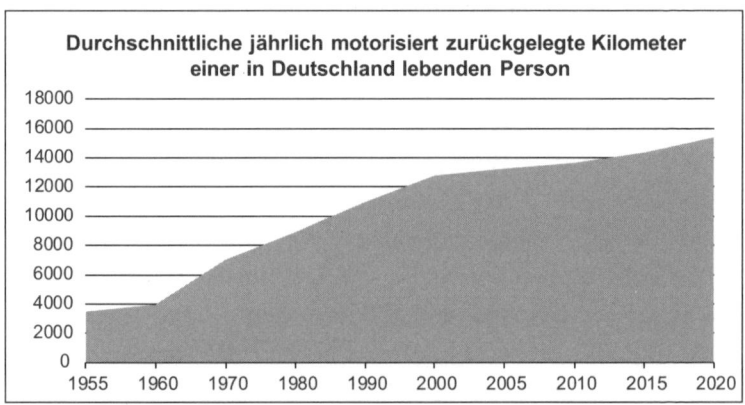

Abbildung 7: Quelle: Verkehr in Zahlen 2018/19, Mittelfristprognose 2018.

Auch die Zahl der Pkw nimmt bei uns weiter zu, ebenso die Zahl der Reisenden (Verkehrsaufwand) und die Verkehrsleistung (Zahl der Personen multipliziert mit den gefahrenen Kilometern). Um die Jahrtausendwende gab es in Deutschland zwar einen kleinen Knick, aber inzwischen ist der Anstieg wieder steiler. Der Flugverkehr hat die größten Wachstumsraten, und weltweit steigt die gesamte Verkehrsleistung dramatisch. Das kann man auch an der Zahl der global produzierten Kfz festmachen: Waren es noch 1960 jährlich 16,5 Millionen und 1980 40 Millionen, sind es 2019 bereits 100 Millionen.[4]

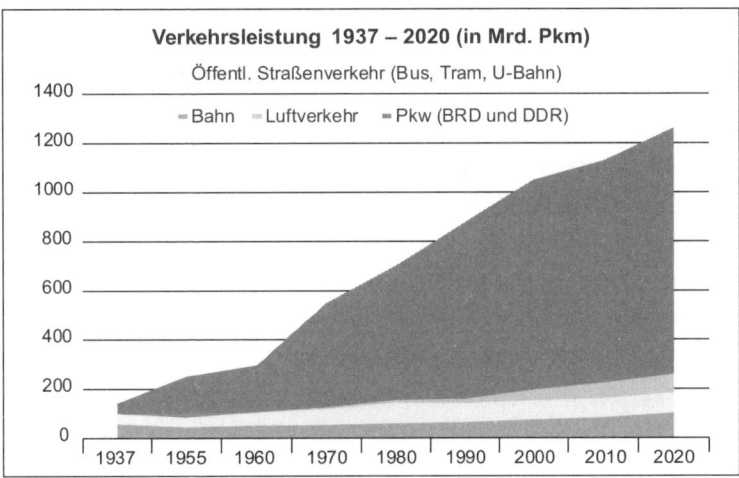

Abbildung 8: Quelle: Verkehr in Zahlen, Mittelfristprognosen.

Hinzu kommt, dass der einzelne Mensch sich umso schneller bewegt, je weniger er sich anstrengen muss. Geschwindigkeit wird durch die Motorisierung zur Sucht. Und kein anderes Ding auf der Welt kann diese Sucht individuell besser befriedigen als das Kraftfahrzeug. Das Tempovirus, das schon im Eisenbahnzeitalter aufkam, grassiert mit dem Auto und ist bis heute epidemisch. Es verbindet sich mit der Illusion, jederzeit überall mit dem Auto hinzukommen, und dem selbstverständlich vorgebrachten Verlangen, dieses, wenn es steht – was es ja 97 Prozent der Zeit tut –, ohne große Mühe sofort zu Fuß erreichen zu können. Hitlers Reichsgaragenordnung, die ohne große Abstriche immer noch gilt, sorgte dafür, dass diese schweren Blech- und Stehfahrzeuge ihren Platz vor oder neben dem Haus fanden und noch heute vorgeschrieben bekommen. Es ist dies, genauso wie die »freie Fahrt für freie Bürger« – oder sollte man sagen »befreite Faschisten«? – ein Erbe des Dritten Reichs. Hierin besteht es fort.

Jugend, Produktivität und Zeitenwende

Regional, altersmäßig und sozial aufgedröselt sieht die Entwicklung in Deutschland in den letzten 10 Jahren so aus: Junge Menschen in Ballungsräumen fahren weniger Auto beziehungsweise haben sogar keinen Führerschein (13 Prozent statt vormals 11 Prozent), demgegenüber steht eine erheblich wachsende Autoliebe bei Senioren (Überschreitung der 80-Prozent-Marke). In den Großstädten beziehungsweise Ballungsräumen steigen das Verkehrsaufkommen (Zahl der Personen, die unterwegs sind) und die Verkehrsleistung (Zahl der Personen mal Kilometer) enorm – Stichwort Landflucht.

Insgesamt werden weniger Strecken zu Fuß zurückgelegt, dafür steigen die Werte fürs Fahrrad stark. Auch der öffentliche Verkehr (ÖPNV) in der Stadt wächst. Die Mitgliederzahlen bei Carsharing-Anbietern nehmen zu, die »tatsächliche Inanspruchnahme« jedoch kaum – denn 50 Prozent besitzen trotzdem ein eigenes Auto. Die Zahl der Kfz wächst weiter, vor allem im Osten. Und auf dem Land haben 90 Prozent der Haushalte mindestens ein Auto. Der Anteil der Geländewagen beziehungsweise »Sport Utility Vehicles« (SUV) hat sich von 10 auf 20 Prozent verdoppelt – das Autokartell strebt 60 Prozent an, wie es heute schon in den USA der Fall ist. Kinder und Jugendliche, vor allem aus den unteren Schichten, sind immobiler geworden. Unterschichten haben deutlich weniger Autos. Online-Shopping hat stark zugenommen, erspart aber offensichtlich keine Wege, sondern schafft zusätzliche.

Diese Zahlen sind ernüchternd, und in anderen europäischen Ländern sieht es ähnlich aus. Es hat sich in den letzten 10 Jahren wenig getan. Die Verkehrswende ist noch lange nicht mitten unter uns. Wird nicht erheblich eingegriffen, sind die kleinen Pflänzchen »Großstadtjugend fährt weniger Auto« und »Fahrradfahren wird immer beliebter« nur das Salz in der Suppe einer unsozialen, menschen- und naturfeindlichen Verkehrspolitik. Deutschland und die EU sind kein Vorbild für eine wirkliche globale Wende.

Die große Aufgabe ist es, die weiterhin maßlose und vor allem weltweite Bewegung zu stoppen. Dies kann nur eine internationale Gegenbewegung von unten, die gegen die Sucht ankämpfen muss, eine äußerst schwierige, allerdings nicht unlösbare Aufgabe. Die immer dringlicher ins Bewusstsein schießenden Probleme der sich abzeichnenden Klimakatastrophe bewirken derzeit eine solche Gegenbewegung. Sie hat die drei Merkmale, die nach Ernst Bloch Anlass zu Hoffnung auf Änderung geben: Jugend, Produktivität und Zeitenwende.

Fazit

Kapitalismus per se erfordert sowohl eine immer schnellere Bewegung von Waren als auch einen immer größeren Warenausstoß. Die Bewegung des Kapitals ist maßlos. Dies überträgt sich auf unser ganzes gesellschaftliches Leben und eben auch auf die Art und Weise, wie wir uns bewegen. Wir wollen immer schneller immer weiter. Wir sind scheinbar zur Maßlosigkeit verurteilt. Dies lässt sich auch empirisch nachweisen: Die Transportweiten, wie die Kilometer, die eine Person im Schnitt zurücklegt, nehmen weiter zu. Einzig wirtschaftliche Krisen bremsen kurzzeitig dieses Hamsterrad. Zuerst die Eisenbahn und dann das von Faschisten gepushte Auto haben uns bewegungssüchtig gemacht. »Das goldenen Zeitalter« des Fordismus nach dem Zweiten Weltkrieg machte das Auto für breite Schichten erwerbbar und das Tempovirus hat uns mittels des Kfz mehr denn je befallen.

Dagegen anzukämpfen ist schwer und die Droge kann nur von einer Bewegung von unten gebremst werden. Es mehren sich aber die Anzeichen, dass wir uns in einer Zeitenwende befinden. Doch zunächst müssen wir uns noch näher selbst betrachten.

3 Droge Auto

»Als sie das Ziel aus den Augen verloren hatten, verdoppelten sie ihre Anstrengungen.«

(Mark Twain über Ruderer im Nebel)[1]

Wir Junkies

Die Eisenbahn wurde nicht entwickelt, um Menschen zu transportieren, sondern zuerst Kohle in den Bergwerken und später Waren zwischen den Städten. Der Personenverkehr war ganz zu Anfang nicht vorgesehen. Doch dies änderte sich schlagartig, als die ersten Schienennetze, ja, schon als die ersten Strecken entstanden.

Die 50 km lange Eisenbahnlinie zwischen Manchester und Liverpool – 1830 hauptsächlich für den Güterverkehr in die Landschaft geschlagen – verlief parallel zu gut ausgebauten Wasser- und Landstraßen. Man hoffte, der Post wenigstens 250 Passagiere am Tag abzunehmen. Doch schon in den ersten Wochen beförderte die Bahn dreimal so viele Menschen am Tag, bald waren es 1 100, also fast fünfmal so viele.[2] Die Personenbeförderung hatte den Gütertransport übertrumpft. Und schon damals dominierte nicht der Berufsverkehr, sondern der Spaßverkehr.

Ähnliches spielte sich im späteren Deutschland ab. Im Jahr 1838 verkehrten zwischen Frankfurt und Mainz 27 500 Personen mit der Postkutsche. Eine solche Passagierzahl erreichte die 1841 eröffnete Taunus-Eisenbahn auf ähnlicher Strecke innerhalb von zwei Wochen. Und es gibt zahllose weitere Beispiele.[3]

Aber die Frage lautet: Existiert ein Beschleunigungsgen im Menschen, gibt es biologisch latente Verkehrsbedürfnisse? Oder ist der Mensch ohne Gesellschaft ein leeres Abstraktum? Die Moderne produziert das Tempovirus, und der Mensch lässt sich gern infizieren – so wie er gerne raucht, trinkt oder andere Drogen zu sich nimmt. Der Mensch wird süchtig nach der Leichtigkeit der Bewegung – nach Fortbewegung ohne Anstrengung, nach Spaßbewegung.

Durch die Eisenbahn schien es zum ersten Mal, als würde der Raum getötet und als verschwände die Zeit. Doch tatsächlich wurde sie zunächst einmal vereinheitlicht. Wer früher mit der Postkutsche fuhr, wusste nicht, wann genau er ankommen würde. Daher spielte eine Viertelstunde, ja eine halbe Stunde früher oder später keine Rolle. Die einheitliche Zeit kommt erst mit der Eisenbahn, in Deutschland erst 1893.[4] Der Fahrplan machte es erforderlich.

Doch die Entfernungen verkürzten sich nicht nur, der Raum weitete sich, die Städte uferten aus. Denn die »Vernichtung« des Raums durch Geschwindigkeit bewirkte auch gleichzeitig eine Dehnung des Raums durch die Möglichkeit, weiter weg zu sein.[5] Arbeit, Leben und Freizeit wurden getrennt. Die Landschaft wurde zersiedelt, Suburbs und Schlafsiedlungen entstanden. Und gleichzeitig wurde die Beschleunigung auch schon sinnlos, weil sie so zu keinem Zeitgewinn führte, sondern zur Bewältigung längerer Strecken.

Keine 50 Jahre nach der Eisenbahn revolutionierte eine weitere Erfindung die Bewegung des Menschen – oder, wie ich es sehe: konterrevolutionierte sie. Das Auto wurde erdacht. Das Auto ist der Beschleuniger schlechthin. Und es erwischt den Menschen noch besser als die Eisenbahn, denn es gaukelt ihm Individualität vor.

Da ist zuerst das Versprechen der Geschwindigkeit: Man ist schnell unterwegs, schnell überall, scheint Herr über den Raum und auch über die Zeit zu sein. Das Auto schenkt die Illusion, etwas zu produzieren, auch wenn es nur Geschwindigkeit und »Raumfressen« sind. Und dann ist da die Faulheit, die sich mit dem Versprechen der Geschwindigkeit paart: Um zu gehen, muss man recht viel Energie verbrennen – um das Gaspedal durchzudrücken, jedoch nicht. Hermann Knoflacher, der Motor der Auto-Kritiker, beschreibt es folgendermaßen:

»Sitzt der Mensch aber bequem im Auto, dann kann er gegenüber dem Fußgeher seine Körperenergie pro Zeiteinheit auf ein Viertel bis ein Sechstel reduzieren. […] Bei einem leichten Druck auf das Gaspedal ist er aber 10- bis 40-mal schneller als der Fußgeher. Das heißt, der Wirkungsgrad, also jene Größe, die ihm das Unterbewusstsein mitteilt, steigt um das 100-Fache und mehr. Man erlebt ein wahres Wunder. Der Körper meldet dem Gehirn, dass es wesentlich weniger Körperenergie braucht und in der gleichen Zeit viel größere Distanzen zurücklegt. […] Noch nie in der Geschichte der Evolution ist so etwas passiert.«[6]

Hierin liegt auch der Unterschied zur Eisenbahn: Man wähnt sich bei ihr fremdbestimmt. Zwar hat man einen Fahrer und 14 500 PS, die einen ziehen – so mal eine Bahnwerbung –, aber man darf nicht selbst steuern, man hat diese Omnipotenzgefühle nicht. Zudem schaut man zur Seite raus und nicht nach vorn. Abgesehen davon, dass man sich bei der Bahn an Fahrpläne mit vorgegebenen Abfahrtzeiten halten muss.

Im Auto dagegen scheint sich die eigene Kraft zu vervielfachen, die eigene Kraft ganz allein. Der testosterongesteuerte Mann liebt dies besonders: Er glaubt, eins zu werden mit seiner Maschine. Er, der sonst nicht viel zu melden hat, hier ist er Maschinen-Mensch, hier darf er's sein. Gib Gummi, Junge. Es fließt Benzin in seinen Adern, er wird süchtig. Das Virus hat ihn.

Anders ausgedrückt. Der objektiven Bedingung der Beschleunigung des Waren- und Personenverkehrs passt man sich liebend gerne an, da die eigene Beschleunigung so leicht erscheint und so großen Spaß macht. Sein und Bewusstsein, hier ergänzen sie sich bestens. Mehr noch, das Vergnügen, das Autofahren bereitet, stammt aus den Tiefenschichten unserer Evolution: Vervielfachung der Geschwindigkeit bei reduziertem Energieaufwand. Aus den 4 bis 5 km/h der typischen Fußgängergeschwindigkeit unserer nomadisierenden Ahnen bei einem Energieverbrauch von 13 Kilojoule/Minute werden hinter dem Steuer 50, 80, 180 km/h bei 4 bis 5 Kilojoule/Minute. Diese Einsparung an verausgabter Körperenergie elektrisiert unser Stammhirn – das Großhirn bleibt dabei völlig ausgeschaltet. Wir werden süchtig, ohne genau zu wissen, warum.

Der Hunger nach müheloser Bewegung trifft auf ein treffend gar gekochtes Energiepaket – daher bislang so wenig Widerstand gegen das zivilisationsschädigende Auto. Es erscheint uns als Maschine, die uns das Leben und den äußeren Zwang zur Beschleunigung erleichtert, und dafür gehen wir über Leichen. Das Auto, dieses tonnenschwere, immer schwerer werdende Ding – Elektroautos sind besonders schwer –, stillt »die hemmungslosesten Begierden unter dem Vorwand«, uns Menschen »gut von A nach B zu bringen«.[7]

Diese Leichtigkeit der Bewegung ist die ursprüngliche Glücksverheißung des Kfz, darauf bauen alle anderen positiven Besetzungen auf. Die ganze Psychologie des Autos ist durch diesen zentralen Mechanismus gesteuert. Oder anders: Dieser Mechanismus steuert den Fahrer und die Fahrerin. Der Lustcharakter überlagert den Gebrauchswert des Transports beziehungsweise beflügelt ihn. Die »potenzielle Geschwindigkeit« ist »der entscheidende Punkt«, aus dem sich »Freiheit«, »Unabhängigkeit« und Status ableiten lassen.[8] Bei Männern: Ich bin potent, ich kann mir was leisten, ich bin wer (Rüstung und emotionaler Fetisch). Bei Frauen: Ich habe mein fahrbares Wohnzimmer. Der »Drang zur Weiterentwicklung und Fortbewegung«,[9] also das Autofahren, trifft die tiefliegendsten Schichten unserer Seele.

Rasender Stillstand

Doch was bringt uns diese Bewegung. Welches Bedürfnis erfüllt sie wirklich?

Laut aller Mobilitätsuntersuchungen, die seit den 1970er Jahren intensiv betrieben werden, ist das Pro-Kopf-Reisezeitbudget der Deutschen ziemlich konstant und hat sich in den letzten Jahren nur leicht erhöht. Tag für Tag sind Mann und Frau etwa 75 bis 80 Minuten lang unterwegs, womit sie sich ziemlich genau auf dem Niveau ihrer EU-Mitbürger bewegen.[10] Es gibt Forscher, die belegen, dass dieses Zeitbudget sich seit Beginn der Neuzeit, mindestens jedoch seit 100 Jahren, nicht stark verändert hat und auf der ganzen Welt in etwa gleich ist.[11]

Wir wissen alle, dass die Geschwindigkeit in Kilometern pro Stunde gemessen wird: Geschwindigkeit = Weg ÷ Zeit. Wenn aber die Zeit, die wir im Straßenraum oder auf Schienen verbringen, konstant bleibt, der zurückgelegte Weg aber enorm zunimmt, kann das nur heißen, dass wir schneller unterwegs sind. Und tatsächlich: Die Durchschnittsgeschwindigkeit lag 1937 bei knapp 5 km/h, 1955 bei gut 8 km/h und 2018 bei mehr als 30 km/h – bezogen auf jeden Deutschen, ob mobil oder nicht.

Nun muss noch die Frage geklärt werden, wie oft wir unterwegs sind. Die Antwort ist ähnlich verblüffend wie beim Zeitbudget. Es sind täglich etwa gut drei Wege, und auch das ist seit Jahrzehnten ziemlich konstant. Wenn wir uns aber immer gleich viel Zeit nehmen und immer gleich viele Wege fahren, haben sich nur zwei Dinge verändert: Wir fahren nicht nur schneller, sondern auch weiter. Aber unsere Bedürfnisse selbst bleiben im Prinzip gleich. Sich für deren Befriedigung immer schneller und weiter zu bewegen, ist keine Frage der Qualität, sondern lediglich eine der Quantität. Und genau diesen Schwachsinn sehen die massenhaft vorhandenen Mobilitätsfetischisten als Basis unserer Zivilisation. Ja, diese Form von Mobilität ist Basis, aber die einer unmenschlichen Gesellschaft.

Hier müssen wir einmal definieren, was Mobilität ist. Mobilität ist nichts anderes als Beweglichkeit. Mobilität heißt nicht, möglichst weit möglichst schnell und motorisiert zu fahren. Mobilität ist die Qualität, sich bewegen zu können, sie wird aber meist nur quantitativ gesehen, als Recht auf Maßlosigkeit. Die meisten Verlautbarungen über Mobilität beginnen daher mit der scheinbar alternativlosen Behauptung, Mobilität – und hier rein quantitativ betrachtet – sei die Basis unserer Gesellschaft unseres Wohlstands. Die so gemeinte Mobilität ist aber nur eine Folge der maßlosen Bewegung und Akkumulation des Kapitals. Reisen bildet, aber sinnloses immer weiter Hin- und Herfahren dient einzig dem Zweck, aus Geld mehr Geld zu machen. Der Verwertung des Werts Ewigkeit zu verleihen. Und Junkies, die wir sind, wollen wir immer höhere Dosen davon. Es wird Zeit für ein kräftiges Dosenpfand.

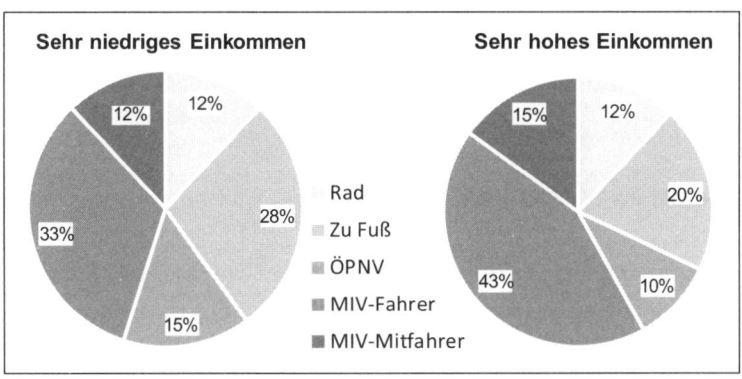

Abbildung 9: Quelle: BMVI 2017, Agora Parkraummanagement 2019.

Der durchschnittliche Deutsche hat vor 50 Jahren pro Tag drei Wege zurückgelegt. Er hat Brötchen geholt, ist mit der Tram zur Arbeit oder mit dem Fahrrad ins Kino gefahren. Dafür ist er 75 Minuten unterwegs gewesen. Heute ist das nicht viel anders. Unser Durchschnittslandsmann macht weiter drei Wege am Tag und bewegt sich weiter eine gute Stunde im Verkehr, vielleicht ein paar Minuten mehr. Doch die Entfernungen, die er dabei zurücklegt, sind wesentlich weiter. Er steigt ins Auto, um von Fulda nach Frankfurt zur Arbeit zu fahren, holt seine Brötchen aus dem kilometerweit entfernten Supermarkt und fährt ins Kinocenter auf die grüne Wiese.

Auch wenn der Zuwachs in den letzten Jahren geringer wurde. Zugenommen haben – im Schnitt – nur die Kilometer, die er dabei runterreißt, und die Geschwindigkeit, mit der er sich dabei fortbewegt. Gewonnen hat er aber qualitativ so gut wie nichts. Mobilität ist ein Fetisch, ein fauler Zauber und hat nichts mit Freiheit, mit Lebensqualität oder mit Bedürfnissen zu tun, sondern nur mit Kilometerfresserei. Und je mehr Kohle vorhanden ist, umso mehr wird gekarrt. Und die soziale Komponente ist nicht zu unterschätzen: Ärmere Schichten sind viel weniger mit dem Auto unterwegs, leiden aber mehr als die reicheren Schichten am MIV, dem motorisierten Individualverkehr, da sie oft an verkehrsreichen Straßen wohnen. Reichere Schichten würden also von der Parkraumbewirtschaftung mehr getroffen, ärmere mehr geschützt.

Mama, Papa, Kind als Junkies

Junkies sind wir alle, selbst die 40 Prozent oder knapp 35 Millionen, die keinen Führerschein besitzen. Das Auto ist in uns. Schon von frühester Kindheit an Autos, als Spielzeug, als Bobby-Car – versuchen Sie mal eine Straßenbahn zu finden für Ihr Kind, auch Spielzeugeisenbahnen sind inzwischen out. Als Videospiele wie *Need for Speed* oder *GTA* auf dem Nintendo oder der X-Box, bei Spielen im Internet – überall dominieren die Autos, als sei es die zweite Natur der Buben. Rasen heißt dabei das Ziel, die anderen von der Straße werfen und der Polizei davonfahren. Selbst der Crash ist nie wirklich schlimm, sondern nach Sekunden ist das Kfz wieder heil. Und die Mädels fahren immer mit, auch später.

Es gibt ein paar nichtmotorisierte Fahrzeuge, die bei Kindern Chancen hätten und haben: für die ganz Kleinen Laufräder und später Inlineskates, Roller, Skateboards, Mountainbikes, überhaupt Fahrräder und vielleicht bald sogar E-Roller. Das sind ausbaubare Fortbewegungsmittel, doch sie sind bislang vom Kfz bedroht, das sich seine Vormachtstellung nicht nehmen lassen beziehungsweise diese zurückerobern will.

Mama und Papa: Die tiefenpsychologische Ursache ihres Junkie-Daseins haben wir schon angerissen. Bei der Kleinfamilie kommen noch ein paar Gründe dazu, meist ziemlich fadenscheinige. Zwar fahren auch Singles, zwar bemüht sich auch das Drogenkartell immer stärker, die Alten ins Auto und ans Gaspedal zu locken, weil die Jungen nicht mehr so wollen, gleichwohl ist die Keimzelle des Motorismus: die Familie. Wird geheiratet, kommt ein Kind, so kommt auch das Auto: »Jetzt können wir nicht mehr anders, jetzt brauchen wir einen fahrbaren Untersatz.« Eine absurde Vorstellung: Wozu braucht man in der Stadt ein Auto für das Kind?

Zum Transport der Kinder? Zum Transport der Nahrungsmittel, der Babytaschen, des Essbeutels oder des Schulranzens? Zum Transport der Spielsachen? Eine völlig unlogische Argumentation: Man braucht kein Auto für die Kinder, auch heute nicht! Heute sind der Radanhänger vielleicht noch gefährdet, der Gang in die U-Bahn mühsam, die Niederflurtram noch nicht überall unterwegs, der Bus zu schlecht vertaktet und überhaupt viel zu voll – aber das wird sich in einer revolutionierten Verkehrsgesellschaft ziemlich schnell ändern. Und warum nicht heute schon ab in die Eisenbahn, denn da darf man Kinder bis 15 umsonst mitnehmen.

Aber vielleicht braucht man das Auto vor allem für sich selbst. Ein Argument lautet: Rausfahren zum Großmarkt auf der grünen Wiese, um den Wocheneinkauf bequem zu tätigen. Ich frage mich: Wieso soll sich ein Stadtbewohner mit Grundnahrungsmitteln ganz weit draußen vor der Stadt versorgen, stundenlang mit dem Kfz fahren, kilometerweit über den Parkplatz und dann durch das Riesencenter latschen, wenn doch Aldi, Penny, Rewe, meine Bäckerei, mein Käseladen, meine Metzgerei, mein Gemüsehändler, mein Fischladen um die Ecke sind? Doch langsam macht sich ein Umdenken bemerkbar: Kurze Wege kommen wieder in Mode, zumindest in der Stadt. Aber solange Großmärkte auf der grünen Wiese stehen, werden sie angefahren. Dabei gibt es schon heute nichts Befreienderes, als ohne Auto zu sein – in einer revolutionierten Verkehrswelt allemal.

Wann also braucht eine Familie wirklich ein Auto? Vielleicht wenn sie den zweiten Blödsinn macht, den junge Kleinfamilien gerne machen: aufs Land zu ziehen. Man zieht aufs Land, weil doch in der Stadt der Autoverkehr so schlimm ist und die Kinder gefährdet sind. Die dafür sorgen, dass das so ist, sind die, die bereits aufs Land gezogen sind oder an den Stadtrand, weil sie die Kinder vor ihresgleichen schützen wollen. Die Junkies steigern ihre Sucht, weil sie Angst haben vor den anderen Junkies.

Und wenn sie ihr Landleben genießen, aber für jedes Brötchen und jede Kippe, jedes Mineralwasser und jede Kartoffel, jeden Schul- und Arztbesuch, für alles und jedes in ihr Auto steigen müssen, sind da immer noch die Durchgangsstraße oder die Umgehungsstraße oder die Landstraße, auf der die Kfzler vorbeirasen – also all diejenigen, die gerade für alles unterwegs sind, was sie zu Fuß oder mit dem Rad nicht mehr erledigen können. Und die gefährden dann die Kinder wieder im hohen Maße, vor allem, wenn sie flügge werden und nicht mehr nur hinten im Garten spielen wollen. Eine Gefährdung sondergleichen, denn die meisten und schlimmsten Unfälle passieren auf der Landstraße. »Viele kleine Ortschaften liegen jedoch direkt an Hauptstraßen, was das Spiel im Freien für jüngere Kinder zu gefährlich macht.«[12] Übrigens ist die autolose Mobilität auf dem Land so verkommen, weil eben das strukturell jahrzehntelang geförderte Auto die Strukturen dort zerstört hat. Das muss sich ändern – erst dann sind die Menschen dort von ihrer Sucht befreit.

Übrigens: 77 Prozent der Menschen in Deutschland leben in Städten oder Ballungsgebieten und nur 15 Prozent in Dörfern mit weniger als 5000 Einwohnern. Das heißt, schon heute leben drei Viertel aller Menschen in Städten und Ballungsgebieten mit meist gut ausgebautem öffentlichen Verkehr. Aber der Autler wir nennen ihn moderner »Car-ierist«, argumentiert: »Der öffentliche Verkehr ist schlecht, ich brauche mein Auto, und Sie, Klaus Gietinger, wollen es mir verbieten!«

Verbieten kann ich sowieso nichts, ich kann nur Vorschläge machen. Außerdem: Die Autler und Carieristen verbieten mir ständig etwas, sie besprühen mich mit ihren krebserregenden Giften aus dem Auspuff, sie nehmen mir Platz weg, bedrohen mich und meine Verwandten und Freunde mit dem Tode und der Invalidität, sie beschneiden meinen täglichen Weg, lassen mich an jeder Ecke stramm stehen für ihre Durchfahrt, schränken meine Freizügigkeit ein. Die Kfz-Mauer muss weg. »Mr. Wheeler, tear down this wall!«

Ob Stadt oder Land: Der Besetzungsgrad eines Kfz liegt für Männer bei 1,2. Also sind sie meist allein unterwegs, einsame Wölfe im Kampf Auto gegen Auto. Bei den Frauen liegt der Besetzungsgrad hingegen um die 2,0.[13] Das heißt, Frauen haben immer jemanden bei sich im Auto – meist ihre Kinder, die sie zur Schule fahren oder zum Sport oder zum Pferdchen oder zur Party. Die Entschuldigung: »Die Öffentlichen sind bei uns so schlecht ...« Ja, und warum sind sie's? Weil man am automobilkreierten Arsch der Welt wohnt und da freiwillig hingezogen ist.

Wenn man mal morgens die Vorkommnisse an einer Schule beobachtet, kommt man aus dem Staunen nicht heraus. Der Anlieferwahnsinn, der sich hier präsentiert, ist bemerkenswert: Dicke SUVs versperren den Weg, halten kurz in der zweiten und dritten Reihe, ein winzig kleines Kind steigt aus, wird von der Mutter – manchmal auch dem Papa – noch sicher bis auf den Gehsteig oder gar zum Schultor begleitet – vielleicht tragen sie ihrem Nachwuchs sogar den Schulranzen –, und kaum ist so ein SUV weg, kommt schon der nächste dicke Geländewagen angebraust, aus dem wiederum ein kleines Kind raushüpft. So entstehen regelrechte Staus der Kindertransporteure. Dabei gehen Kindern, die immer herumkutschiert werden, all die Eindrücke und Erfahrungen verloren, die sie sammeln würden, wenn sie auf eigenen Beinen der Schule zustrebten.

»Verschiedene Untersuchungsergebnisse weisen daraufhin, dass Kinder heute nur noch wenig im Freien spielen und deutlich mehr begleitet werden als früher.«[14] Auch hier gibt es erste Gegenbewegungen – das Elterntaxi macht sich zunehmend unbeliebt: In Hannover wurde die Straße vor der Albert-Schweitzer-Schule in einem Modellversuch am Morgen erfolgreich gesperrt. Ankommende Autos werden auf einen Halteplatz geleitet, SUVs beschlagnahmt – nein, Letzteres leider nicht, nur ein Scherz. Die Sache soll auf weitere Grundschulen Hannovers ausgeweitet werden.[15] Gemeinden können also einschreiten und das Kinder-aus-dem-Auto-Abladen verbieten. Dieses Beispiel muss Schule machen: Elterntaxis haben keine Zukunft. Tatsächlich, so die neueste Mobilitätsuntersuchung von 2018, geht die Mobilität von Kindern zurück, besonders in der Unterschicht.[16]

Denn fast jede Bewegung unserer Kinder ist heute kontrolliert, behütet beziehungsweise bekäfigt. Sie spielen zu Hause in ihrem Zimmer, verbringen massig Zeit vor dem Fernseher, mit Youtube oder PC-Spielen, und zur Schule werden sie meist gefahren – je reicher, desto motorisierter. Ebenso, wenn es mal zum Sport geht – und wenn sie keinen Sport machen, werden sie fetter als früher, weil sie mehr sitzen als früher, und sie werden auch früher chronisch krank. Wenn sie rausgehen, starren sie wie wir Erwachsenen auf ihre Smartphones und werden dabei meist auch noch von uns Großen begleitet. Auch beim Radfahren sind oft die Eltern dabei, und dafür müssen sie – wegen all der gefährlichen Kfz – auf den Gehsteig ausweichen. Und wenn man den Spielplatz besucht, hat der Zäune und Gitter, um den Kontakt der Kinder mit der Straße zu vermeiden. Im Übrigen sind Spielplätze überhaupt erst entstanden, um die Kinder von der Straße zu holen.

Die meisten Eltern fühlen sich durch den Straßenverkehr belastet. »Die größte Belastung stellt die Angst um die Verkehrssicherheit der Kinder dar.«[17] Auf all die motorisierten Gefahren für die Kinder reagieren die Eltern mit der »Verhäuslichung«, was man eher »Käfighaltung« nennen sollte – die bei Hühnern gerade erst verboten wurde.

Immerhin gibt es die sogenannte »Verkehrserziehung« – eine Erfindung der Autler: die Konditionierung der Kinder aufs Kfz. Doch Kinder lassen sich nur bis zu einem gewissen Grad konditionieren. Es zeigt sich jedoch, dass diese ganze Verkehrserziehung wenig nützt, weil Kinder unberechenbar sind, aber die Autofahrer noch viel mehr. So haben diverse Forscher festgestellt, »dass Kinder im Gegensatz zu den Lenkern am Straßenrand sehr oft Vorsichtsmaßnahmen treffen«.[18] Nicht die Kinder verhalten sich idiotisch, sondern die Carieristen. Er fährt vor das Kind, und nicht das Kind springt vor den Carieristen. Bislang aber wird die Todeszone der Fahrbahn als allein dem Auto gehörig akzeptiert, und wer sich da aufhält, muss nun mal mit dem Tode rechnen.

Tatsächlich gehört die Verletzungsrate in der BRD weltweit zu den höchsten und liegt an der zweiten Stelle hinter den USA.[19] Berücksichtigt man, dass die Aufenthaltszeit von Kindern im Straßenraum gesunken ist, ergibt sich in Deutschland ein erhöhtes Risiko, auch wenn die absoluten Zahlen fallen. Die wiederum sind weitaus höher, als von der Statistik ausgewiesen: 80 Prozent aller Kinderverkehrsunfälle in der BRD werden ebenso wenig gemeldet wie sogar 32 Prozent der schwerverletzten Kinder. Das heißt, es gibt fünfmal mehr verletzte und ein Drittel mehr schwerverletzte Kinder, als die offizielle Statistik zeigt.[20]

Wenn Wohnungen im Innenbereich der Städte bezahlbar wären und man den Bewohnern nicht erlauben würde, ihre Karre direkt vorm Haus zu parken, und wenn man jede häuslebauende Familie dazu bringen könnte, mindesten so weit zu ihrem Blech zu laufen wie zur nächsten Haltestelle, statt sie zu zwingen, Straßenanschlussgebühren zu zahlen und für Parkplätze zu sorgen oder dafür Abgaben zu entrichten, selbst wenn sie nicht motorisiert ist, und wenn diese nächste Haltestelle immer sehr nah ist und gut vertaktete Verbindungen aufweist – dann wäre allen sehr geholfen.[21] Doch seltsamerweise sind Mama und Papa bei Umfragen für autofreie Innenstädte – sollte es sie aber selber treffen, kämpfen sie um »ihren« (von ihnen nicht wirklich bezahlten) Parkplatz vor der Tür, der nicht privat ist und trotzdem möglichst nichts kosten sollte. In der Realität ist ein Pkw-Parkplatz aber in der Herstellung und im Unterhalt teurer als das Kinderzimmer. Und die Eltern vergessen ihr Ein und Alles, ihre Kinder, wenn es ums Auto geht. Ja, sie schützen ihre Kinder, indem sie sie mit dem Kfz transportieren und begleiten, wo immer es möglich ist. Doch die wenigsten sorgen dafür, dass ihr Nachwuchs vor der Haustüre spielen kann und nicht überfahren wird. Das würde nämlich ihr angebliches Grundrecht auf freie Bahn, das ihnen grundgesetzwidrig zugestanden wird, beschneiden.

Doch es muss etwas beschnitten werden. Der massenhafte motorisierte Individualverkehr muss weg! Aber keine Angst, niemand nimmt uns jetzt gleich das Auto weg. Denn die Bedingungen, es abschaffen zu können, müssen geändert werden – und dafür haben wir nur noch 20 Jahre Zeit.

Fazit

Das Auto gaukelt uns Individualität und mühelose Überwindung des Raums vor. Diese Leichtigkeit der Bewegung ist die ursprüngliche Glücksverheißung des Kfz, wir potenzieren unsere Kraft, ohne uns groß anstrengen zu müssen. Das Tempovirus hat uns ganz und gar. Das schwere Ding auf vier Rädern erscheint uns als Maschine, die uns das Leben und den äußeren Zwang zur Beschleunigung erleichtert, und dafür gehen wir über Leichen. Wir werden zu Süchtigen. Obwohl wir uns immer gleich lang im Verkehrsraum aufhalten und im Schnitt nicht mehr als drei Wege am Tag zurücklegen, fahren wir immer weiter und immer schneller. Das heißt aber auch, wir gewinnen im Verkehr keine Zeit, so schnell wir uns auch bewegen.

Die Familie ist das zentrale Ziel des Drogenkartells: Ihr wird vorgegaukelt, dass sie ein Auto braucht. Doch mit dem kutschiert hauptsächlich die Frau ihre Kinder herum – welche, um sie vor den Gefahren des MIV zu schützen, hauptsächlich im heimischen Käfig gehalten werden.

Die junge immer öfter automeidende Generation in der Stadt ist der Ansatzpunkt einer Wende, ebenso die Zunahme des Fahrradverkehrs bei allen Generationen und Klassen. Doch beide Hebel sind nicht stark genug, um die MIV-Gesellschaft auszuhebeln. Dafür muss noch mehr passieren.

4 Das Drogenkartell der Autokonzerne

»Die Automobilindustrie ist wie kein anderer Industriezweig am besten geeignet darzustellen, in welchem Ausmaß in unserer kapitalistischen Gesellschaft die Verwendung der Produktion einer Industrie direkte und maßgebende Abhängigkeitsmuster geschaffen hat.«

(Hans Dollinger, 1972)

Herrscher der Welt

Seit Jahren wird behauptet, die eigentliche Industrie, besonders die Autokonzerne, hätten nicht mehr die gleiche Macht wie früher und würden abgelöst von den Internetgiganten als eigentliche Herrscher der Welt. Winfried Wolf ist einer derjenigen, die seit Jahren gegen diesen Aberglauben ankämpfen, und er belegt das mit Fakten.

Seit nahezu 30 Jahren sind unter den zehn größten Unternehmen der Erde in der Regel sieben Öl- und Autokonzerne – selbstverständlich müssen wir die Ölkonzerne dazuzählen. 2017 ist Apple in diese Gruppe aufgerückt, aber 2018 wieder verschwunden. »Die traditionelle Autobranche ist auch heute noch die führende Industrie im weltweiten Kapitalismus. In Verbindung mit der Ölbranche, die den Stoff fast aller Automobil-Träume liefert, ist sie seit vielen Jahren tonangebend.«[1] Sie hat die Macht und die Lobby, die Drogenbarone und Drogendealer, die der Politik einflüstern, was sie tun soll, was sie unterlassen soll und was sie verhindern soll. Dabei ist das Arbeitsplatzargument ebenso wichtig wie die Dienstwagenversorgung der Autojunkies in der Politik – meist Männer, die die Welt nur aus den Bullaugen des Flugzeugs oder der Frontscheibe ihrer Kfz kennen – und, wenn nichts anderes mehr geht, Bestechung.

Ein gigantischer Apparat von hochbezahlten Drogendealern – verharmlosend Lobbyisten genannt, darunter oft ehemalige Verkehrsminister – versorgt die Politikerkaste mit Stoff, Druck und Geld. Selbst die Führungsetagen etwaiger Konkurrenten wie der Deutschen Bahn werden seit Jahren mit Auto- und Flugzeugmanagern bestückt, die das Unternehmen an den Rand des Ruins steuern und immer mehr Staatsgeld dazu benutzen, den Schienenkonzern an die Wand zu fahren. Bewusst, weil sie die Schienenkonkurrenz kleinhalten wollen, oder unbewusst, weil sie Bahn einfach nicht verstehen, denn sie funktioniert nicht nach dem Profitprinzip und wurde in Preußen schon ab 1873 von Bismarck deswegen verstaatlicht. Das Schimpfen auf die alte Behördenbahn ist die Ausflucht von Leuten, die es in keinem Fall besser können, sondern nur schlechter.

Man darf sich gleichwohl das ganze Verkehrssystem nicht einfach als Manipulationssystem vorstellen. Da sind nicht die einen, die Mächtigen, die die anderen, die Schwachen, manipulieren. Manipulation hieße, dass etwas gegen den Willen der betroffenen Menschen geschehen würde – aber es geschieht nicht gegen deren Willen. Motorisierung trifft auf willige Menschen, die sich ihr nur allzu gern hingeben, Männer noch lieber als Frauen. Was die Autokartellisten wollen, ist das, was alle Kapitalisten zwingend und zuerst wollen – das ist auch eine kapitalistische Überlebensfrage: Profit machen – und dazu ist ihnen fast jedes Mittel recht. Um diesen Sachverhalt zu begreifen, muss man weder von Manipulation sprechen noch zu irgendwelchen Verschwörungstheorien Zuflucht suchen (obwohl Verschwörungen durchaus vorkommen) oder zu irgendwelchen Bestechungstheorien greifen (obwohl auch Bestechung vorkommt).

Es geht um eine Produktion, die sich ihre Konsumenten schafft, um eine strukturelle Gewalt, um eine Frage der ökonomischen Macht. Macht trifft auf Motorisierungswillige! Die Macht bestimmt die Bedürfnisse und konditioniert die Konsumenten, die dann direkt Gewalt ausüben dürfen mit ihrem Fahrzeug. All das bewirkt – bislang – das perfekte Funktionieren des Systems, macht es fast unangreifbar, uneinnehmbar.

Denn das Kartell zeigt Zeichen der Erosion. Insbesondere die Klimakatastrophe sowie die Diesel- und Benzin-Betrügereien, die es als Verbrecherbande brandmarken, zeigen, dass auch die sonstige Umweltbelastung hoch ist. Der Gesichtsverlust des Kartells, das die Autobesitzer die Arschkarte ziehen lässt – merkwürdigerweise weniger die Straßenverkehrstoten und -verletzten beziehungsweise der Stau und der Lärm –, bedroht das Syndikat ernsthafter denn je. Das ist unsere Chance. Bevor wir sie nutzen, ist jedoch ein Blick in die Geschichte notwendig.

Kartell- und Krisengeschichte

In den USA gab es zu Beginn des MIV-Zeitalters noch 500 meist kleine Autofirmen, die miteinander konkurrierten und anfangs gar nicht in der Lage waren, eine Massennachfrage zu bedienen. 1929 existierten nur noch 50 relevante Hersteller – und davon sind heute gerade mal 13 Autokonzerne übriggeblieben weltweit, die das Sagen haben, die untereinander einen gnadenlosen Konkurrenzkampf führen, die gemäß dem Prinzip»nach uns die Sintflut« immer mehr Autos produzieren möchten, die aber auch zusammenhalten, wenn es das Prinzip Auto zu festigen oder auszuweiten gilt.

Diese Wilde 13 bestimmt die Verkehrspolitik in Europa, den USA, Japan und Australien, also in den hochmotorisierten Ländern, und sie bestimmt die nachholende Motorisierung der Schwellenländer, nicht zuletzt China. Das Ziel ist es, die Motorisierung in den hochmotorisierten Staaten weiter zu steigern und die noch niedrigmotorisierten Schwellen- und armen Länder auf hochmotorisiertes Niveau zu bringen. Die materielle Abhängigkeit von diesen Konzernen hat bislang jeden Versuch zu einer vernünftigen Verkehrs- und Energiepolitik demontiert. Wir sind alle abhängig von ihnen. Sie sind die Herren der Droge Automobilität – und uns blieb bislang nur die Sucht. Es wird also endlich Zeit, dass ein Jim Knopf kommt und ihnen den Schneid abkauft – und er wird kommen. Nicht ein einzelner, aber viele. Dabei wurden die 13 Herrscher periodisch immer wieder von Krisen geschüttelt.

Abbildung 10: Quelle: VDA, OICA nach Wolf.

Nach Wolf gab es fünf Autokrisen seit dem Beginn der globalen Motorisierung (1960).[2] Während jeder Krise dachte man, die goldenen Zeiten des Autos wären vorbei, doch nach jedem Absturz folgte in wenigen Jahren ein phänomenaler Aufstieg. Wie Phönix aus der Asche wurde das internationale Drogenkartell der Autokonzerne mächtiger und produktiver im Ausstoß von motorisierten Fahrzeugen.

Besonders auffällig: Die letzte Krise, die eine reine Finanzkrise schien, führte zunächst zu einem gigantischen Einbruch um 25,3 Prozent von 2007 bis 2009 und kurz darauf zu einem noch gigantischeren Aufstieg um 58,4 Prozent von 2009 bis 2018. 2008/2009 stürzte die jährliche globale Produktion somit von 73,2 Millionen Kfz auf 58,4 Millionen, um in nur neun Jahren auf sage und schreibe 100 Millionen Kfz anzusteigen – nahezu eine Verdoppelung des Ausstoßes! Was erstens auffällt, dass also die letzte Krise heftiger war als alle anderen davor und der Aufstieg dann umso größer. Wie wird dann wohl die nächste Krise ausfallen? Noch gigantischer, oder kracht es dann so gehörig im Gebälk, dass das ganze System kollabiert? Bevor dies passiert, müssen wir eingreifen – auf Teufel komm raus! Aber nicht, um dieses System zu reformieren, sondern um es grundlegend zu ändern, ja, um es zu stürzen.

Zum Zweiten, wie schafften es die Konzerne des Drogenkartells, immer so rasch aus Krisen zu kommen? Es gab zwar immer wieder Massenentlassungen, es wurden Fabriken stillgelegt, zerteilt und aufgekauft, es wurden Konzerne geschluckt, abgestoßen oder verschwanden bis auf den Namen, es wurde neu akkumuliert, und es wurden blitzartig Märkte erschlossen – das ist die ökonomische Basis. Aber wie gelingt es den Drogenbaronen, moralisch zu überleben?

Als 1973 die ersten Sonntagsfahrverbote und Tempobeschränkungen aufkamen, dachte ich, jetzt ist es vorbei mit dem Auto als Massenverkehrsmittel. Doch das Gegenteil war der Fall. Spätestens in den 1980er Jahren, als die Grünen wuchsen, die Ökologie- und Antiatombewegung ihren Höhepunkt erreichte, wir von der Westallgäuer Filmproduktion (WAF) für die Grünen Filme gegen *Die gnadenlose Straße* machten, war ich wieder so weit zu glauben, das Auto habe seinen Bonus aufgrund des sich offensichtlich anbahnenden ökologischen Torschlusses verspielt. Doch Pustekuchen. Während in Europa dem Rauchen der Kampf angesagt wurde und die Atomkraftwerke wenigstens im deutschsprachigen Raum auf dem absteigenden Ast saßen, hielt sich das Kfz mehr denn je.

Wolf erklärt, warum dies in jeder Krise gelang. Während der Krise Nr. 1 von 1974/1975[3] verabschiedete sich VW von der Monokultur Käfer, startete Brasilien mit der Herstellung von Sprit aus Zuckerrohr, gab es in Westeuropa autofreie Sonntage und diskutierte man in Holland über autofreie Städte. In den USA wurde der Katalysator eingeführt, man redete plötzlich von spritsparenden Autos. Eine große Mehrheit hatte übrigens schon 1970, als es 20 000 Tote auf den Straßen der BRD gab, in einer Umfrage der Gewerkschaft ÖTV, für eine generelle »Einschränkung« des Autoverkehrs plädiert.[4] Das Kfz wurde im Zuge dieser Krise zwar erstmals grundlegend infrage gestellt, doch nichts geschah, im Gegenteil: Die Schienen der Bahn wurden weiter wie seit den 1950ern »geschlachtet«, so der Spiegel, die Straßen massiv ausgebaut.

In der Krise Nr. 2 von 1980 bis 1982[5] kam es zur Chrysler-Pleite, gab es neue Kleinwagenmodelle, traten »die Japaner« ihren Siegeszug an, meldete sich Korea als Autonation und gab es in den USA neue Schadstoffwerte. In der BRD gab es die Diskussion ums Waldsterben, das übrigens noch nicht vorbei ist, und die endlos verlogene Debatte mit »getürkten« Feldversuchen um ein Tempolimit. Immer wieder dachte man, das Limit komme nun endlich, und immer wieder schafften es die Drogenbarone, es zu verhindern.[6] Stattdessen kam der Katalysator und versprach Schadstofffreiheit. Die Werte für einige Giftgase wie Schwefeldioxid und Kohlenmonoxid sanken. Die Kritik am Auto wurde leiser. Der Ölpreis stürzte ab, auch aufgrund des Iran-Irak-Konflikts, da diese Länder zwecks Finanzierung ihres Kriegs das schwarze Gold mit Dumpingpreisen auf den Markt warfen.

In Krise Nr. 3 von 1991/1992[7] faselten die Dealer von der »Vernetzung der Verkehrsträger« – eine Endlosquatschdiskussion bis heute –, von »integrierter Verkehrsplanung« und von »Telematik« – ein Fetisch, der inzwischen von den Kampfbegriffen »Digitalisierung« und »autonomes Fahren« abgelöst wurde. Mann, vermehrt Frau, träumte vom Swatch-Auto, der Smart, der nie wirklich Erfolg hatte, wurde ausgespuckt und vom sagenhaften (nur kurzzeitig) autofreien Bologna berichtet. In Kalifornien gab es erste Quoten für Elektroautos. Winfried Wolfs

Klassiker und Bestseller *Eisenbahn und Autowahn* erschien, und ich konnte Filme für Franz Alts Sendung *Mobil ohne Auto* machen, welche in der ARD die Abkehr vom Pkw und Spritpreise von 5 DM zur besten Sendezeit propagieren durften. Doch das Auto hustete uns was.

In Krise Nr. 4 von 2000/2001[8] kamen die Agrarkraftstoffe zu massiver Blüte: Raps, Palmöl und Soja wurden nicht gegen den Hunger der Welt produziert, sondern gegen den der Autos. Biodiesel, Gerste und Weizen verwandelten sich nicht in Bier, Zuckerrübe und Zuckerrohr nicht zur süßen Verführung, sondern alles zusammen diente Benzin und Diesel, etwa dem Kraftstoff E 10, als Sättigungsbeilage.

Das Elektroauto wurde zum x-ten Mal, aber jetzt ernsthaft propagiert, und die ersten überbreiten übermotorisierten SUVs, die Sport Ulity Vehicles, starteten ihren benzin- und dieselfressenden Siegeszug als City-Geländewagen (!) für normalbekloppte Schizo-Stadtbewohner. Der durchgeknallte Schaumschlägerkapitalist Elon Musk tauchte mit seinem zusammengeschlauchten Milliarden-Tesla-Konzern auf, pries das hochmotorisierte superteure Elektroauto an, fantasierte davon, Menschen mit 1 000 km/h als lebende Geschosse durch Tunnel zu schießen, und bereitete den Mars für die Motorisierung vor. Problem gelöst. In den Folgejahren wurden 15 Millionen Pkw mehr per annum verkauft – eine nie geglaubte Steigerung. Doch halt, da war noch mehr drin.

Krise Nr. 5 von 2008/2009,[9] die größte Weltwirtschafts- und Finanzkrise seit dem Schwarzen Freitag von 1929, führte nicht nur zu unfassbaren Bankenrettungsaktionen und kaum vorstellbaren Milliardensummen, sondern es wurde auch Biosprit im gigantischen Weltmaßstab angebaut und das Elektroauto – mit China als Vorreiter, auch bei der Batterieherstellung – als die Lösung aller Probleme propagiert, zusammen mit dem »autonomen Fahren« und selbstverständlich der »Digitalisierung«. Diese drei Fetische fraßen sich ab da in die Gehirne der Menschen und vernebeln sie bis heute wie das eines Benzinschnüfflers. Die Autoproduktion konnte sich sodann in der Folge fast verdoppeln.

Was lehren uns diese fünf Krisen? Dem Drogenkartell gelingt es immer wieder, Scheinlösungen, grün angestrichene Autos und Kraftstoffe anzubieten, damit nur eines nicht passiert: die Menschen aufs Auto verzichten, für eine wirklich andere Mobilität auf die Straße gehen oder ihre Regierungen dafür wählen, diese Massenvernichtungswaffe massiv einzuschränken. Man vernebelt uns die Gehirne und verspricht uns die Gelegenheit, mehr Gas und Gummi zu geben als zuvor – auf gar keinen Fall weniger. In Wahrheit sind diese Lösungen aber eben nur Scheinlösungen und bereiten uns, unseren Kindern und vor allen Dingen dem ganzen Planeten immer mehr und immer größere Probleme. Damit muss Schluss sein!

Seit dem letzten sehr heftigen Crash von 2008/2009 kam es allerdings zu dramatischen Verschiebungen: Die einen Autokonzerne kamen hoch, andere stürzten ab, nicht nur an der Börse, sondern auch beim Produktionsranking. Die USA beispielsweise und deren drei Autogiganten mussten während der letzten Krise schwer einstecken: Nicht nur, dass Chrysler von Mercedes fast nahtlos an Fiat weitergereicht wurde, die gesamte Produktion in den USA fiel von 13 Millionen Fahrzeugen (23,1 Prozent) auf 5,7 Millionen Kfz (10,1 Prozent). Zwar stieg sie danach absolut bis 2017 wieder auf 11 Millionen, doch waren das dann nur noch 11 Prozent der Weltproduktion.[10] Das bedeutete den Verlust einer Spitzenposition.

Detroit, die Stadt von General Motors (GM), Chrysler und Ford, wo Henry Ford den Fordismus begründete und die Welt damit verseuchte, entwickelte sich in dieser Krise zur Geisterstadt. Von Januar 2008 bis Juli 2009, während des großen Crashs, verdoppelte sich dort die Arbeitslosigkeit auf fast 30 Prozent – und dies, obwohl Detroit seit 1950 über 60 Prozent seiner Bevölkerung verloren hatte, von 1,8 auf 0,7 Millionen. Inzwischen ist Detroit mit noch weniger Einwohnern auf dem Weg zur Schaumgeldstadt: Ein Finanzinvestor hat große Teile aufgekauft, teure Lofts in Downtown bauen lassen und der Upperclass dort Unterkunft gewährt. Den Armen in der Stadt – aber außerhalb von

Downtown –, der großen Mehrheit, nützt das gar nichts, Gentrifizierung pur. Die Mordrate ist zehnmal höher als im US-Schnitt, und die Drogen- und Gewaltkriminalität grassiert ungebremst.

Highlight: Es gibt noch eine Geister-Automesse, aus der europäische Hersteller weitgehend geflohen sind und die trotz strengem Tempolimit in den USA PS-Monster und PS-Pick-ups als Fahrzeuge der Zukunft anpreist. Sie wird sich wohl bald mit der Kfz-Messe in Chicago zusammentun müssen, um als Blechblend-Show weiterexistieren zu können. Der nächste Finanz- und Car-Crash kommt bestimmt.

Die Autoindustrie der BRD ist dagegen *noch* mit einem blauen Auge davongekommen. Zwar sank auch hier der Weltmarktanteil von 10,1 Prozent im Jahr 1999 auf 6,2 Prozent, was nicht als Crash verbucht wird, weil der Ausstoß und Absatz leicht gesteigert werden konnte, von knapp 5,7 auf 6,1 Millionen. Und bei der EU mit ihren 27 Mitgliedsländern sieht es ganz ähnlich aus: 18,8 Millionen (33,5 Prozent) im Jahr 1999 und 19,1 Millionen (nur 19,6 Prozent) im Jahr 2017.[11] Fasst man den als »Westen« definierten Autobau in den USA, der EU-27, Japan, Südkorea und Brasilien zusammen und vergleicht ihn mit den »Autobauneulingen« Indien und China fällt eine – auf den ersten Blick – dramatische Verschiebung auf:

	Westen	Indien und China
1999	81,7 Prozent	4,8 Prozent
2017	47,8 Prozent	34,6 Prozent

Quelle: Wolf: *Sackgasse*, 2019

Eilfertige Schlüsse daraus müssen jedoch beschleunigt zurückgewiesen, also zunächst einmal ausgebremst werden. Denn die westlichen Konzerne beherrschen mit ihrem Autobau in China selbst nach wie vor den Markt. Zählt man die von ihnen *in* China produzierten Kfz dazu, halten sie immer noch über 70 Prozent des Markts in Händen beziehungsweise lassen diesen Anteil über die Erde fahren. Auch wenn die Zahl der Autos in China dramatisch zugenommen hat: Kein chinesischer Autokonzern hat es bislang geschafft, sich als »prägend für die internationale Autoindustrie« zu inszenieren. Das soll mit den Elektroautos nach Wunsch der chinesischen Führung und mithilfe chinesischen Kapitals anders werden – und wird es wohl auch, wenn es gleichwohl bislang nicht gelungen ist. Denn der Wunsch Chinas, über »die Autobranche an die Spitze in der Weltindustrie«[12] zu gelangen, bekam 2018 den ersten Dämpfer: Der Markt für Autos brach um 6 Prozent ein. Im März 2019, dem zehnten Schrumpfmonat in Folge, betrug der Rückgang gar 12 Prozent. Hier kündigt sich die nächste Autokrise an. Und diese ist dieses Mal nicht mit scheinnachhaltigen Autos, sondern positiv mit Mobilitätsalternativen zu nutzen. Wir haben keine andere Chance.

Die Dealer

Drogenbarone brauchen Dealer, gar eine Heerschar von ihnen, die für sie arbeiten und den Stoff in Umlauf bringen. Zu diesen Dealern, die das Prinzip Motorisierung stützen und ausweiten, gehören Politiker aller Couleur und in allen Bereichen, von den nationalen Regierungen bis zu den kleinsten Gemeinderäten. Dazu gehören sodann die mächtigen Verbände der Autoindustrie und die Verkehrsclubs, allen voran einer der mächtigsten der Welt: der ADAC. Es gehören dazu die Gewerkschaftsvertreter in den einschlägigen Branchen sowie schließlich die Architekten, Stadt- und Verkehrsplaner. Bei denen scheinen Umdenken und teils Gegensteuern im Angesicht bevorstehender Katastrophen langsam in Mode zu kommen – ob es ernsthaft mehr als eine Mode ist, muss sich noch zeigen, ist aber immerhin ein Ansatzpunkt.

Keiner dieser Dealer – ob nun Organisation oder Akteur – kann sich eine Welt ohne Auto als Massenverkehrsmittel vorstellen. Zwar reden heute viele – mit Ausnahme vielleicht von »Feinstaub-Andi«, so die *Titanic* über den derzeit amtierenden Bundesverkehrsminister – über eine »Verkehrswende«, aber das sind oft nur Sonntagsreden mit Scheinlösungen, die sich praktisch nie gegen den Hauptverursacher unserer verkehrlichen Nöte wenden: das Auto.

Auch den einst Alternativen geht das Auto meist nicht mehr aus dem Kopf, in ihren Adern fließt längst Benzin. Diese »ökologisch Kritischen« können sich allenfalls vorstellen, dass dieses Benzin durch Strom – oder fantastisch erträumte »klimaneutrale« Kraftstoffe«[13] ersetzt wird. »Scotty, beam me up!«

Aber motorisiert gefahren werden muss, so auch der 2017 als »blonder Zausel«[14] auf dem Nockerberg »derbleckte« Anton Hofreiter in seinem Thesenpapier vom April 2019. All diese Leute sind selbst vom Autovirus befallen, sind selbst süchtig. Dies unterscheidet sie vom klassischen Drogenhändler, der nur andere anfixt und versucht, selbst clean zu bleiben, um das Geschäft nicht zu beeinträchtigen. Die Dealer der Motorisierung und der Automobilisierung jedoch hängen selbst an der Tachonadel. Doch die Chancen, sie davon wegzubekommen, sind selten.

Regierung

Die Motorisierung des gemeinen Manns qua Auto – die Hitler versprochen, aber nicht mehr ausgeführt beziehungsweise in den Vernichtungskrieg umgelenkt hatte – wurde weltweit und in Deutschland bislang nie wirklich infrage gestellt. Die CDU wollte ebenso motorisieren wie die CSU und die FDP. Und natürlich auch die SPD: »Jedem Arbeiter sein Auto«, lautete in den 1960ern die Forderung dieser volkstümlichen Partei. Der Aufbau einer schlagkräftigen Autoindustrie war den Sozialdemokraten genauso wichtig wie den Gewerkschaftern und den Betriebsräten. Der Traum von Freiheit und Gerechtigkeit hieß Auto.

Die Reihe der deutschen Bundes- und Landesverkehrsminister – ob CDU/CSU, SPD oder Grüne – ist mit das Trostloseste, was die Politik an politischen Knallchargen zu bieten hat und hatte. Sie alle waren und sind Erfüllungsgehilfen der Verbreitung des Autovirus. Auch als in den 1960er Jahren längst dessen katastrophale Folgen auszumachen waren, gab es keinen einzigen Versuch, es einzudämmen. 1970 fanden über 20 000 Menschen auf den Autopisten der BRD den Tod, in der DDR kamen noch gut 2 500 dazu, doch gleichzeitig wurde vom sozialdemokratischen Verkehrsminister Georg Leber, einem gelernten Baugewerkschafter, das größte Autobahnbauprogramm Europas durchgezogen. Kein Bundesbürger, sollte mehr als 20 km von einer Autobahnauffahrt entfernt wohnen. Und währenddessen wurden massenhaft Bahnstrecken stillgelegt und Bahnhöfe kaputtgemacht.

Abbildung 11: Medien zur Verkehrspolitik, Quelle: *Titanic* und *Konkret* 3/2019.

Alle Toten waren nicht genug, um rasch ein Tempolimit oder die Gurtpflicht einzuführen, geschweige denn die Pkw-Nutzung einzuschränken. Die gigantische Luftverschmutzung mit Hunderten karzinogener Stoffe, mit Schwefeldioxid, Kohlenmonoxid, Benzol, Ozon – CO_2 spielte damals noch keine Rolle –, reichte nicht aus, um umstandslos Katalysatoren einzuführen oder sonstige Maßnahmen zur Luftreinhaltung zu ergreifen. Auf allen Gebieten des Schutzes vor den tödlichen Gefahren des Autos wurde verzögert, lamentiert, hingehalten, dem Drogenkartell nachgegeben.

Dass das Kfz aber grundsätzlich ein Irrweg der Moderne ist – auf diese Idee kam niemand. Man schielte ja auch auf das Heer der Autofahrer, das immer neue Wählerschichten eroberte. Schon in Buchanans berühmtem Report *Verkehr in Städten* machten die Experten 1963 in England deutlich, dass die Autofahrer bald die Mehrheit der Wähler bilden, also die Süchtigen bald alle Maßnahmen gegen die Sucht torpedieren würden. Dabei sind die Süchtigen gar nicht so süchtig, als dass sie nicht doch wenigstens nach sauberen Spritzen verlangen würden. So gibt es seit Jahrzehnten in Deutschland eine Mehrheit für ein Tempolimit auf Autobahnen, was von der Politik insgesamt und nicht allein von »Feinstaub-Andi« (*Titanic*) schlichtweg ignoriert wird.

Buchanans Team in England war schon 1963 klar, dass das Kfz »eindeutig eine Bedrohung unsrer Zivilisation«[15] darstellt. Die Autoren schlugen dennoch einen weiteren Straßenbau sowie den Ausbau des öffentlichen Verkehrs vor – eine Forderung, die allein nichts nützt. Aber sie empfahlen *auch* – und das war nahezu revolutionär – Restriktionen und Sperrungen des privaten Verkehrs.

Davon war in Deutschland mit Ausnahme der sogenannten ersten Ölkrise von 1973 nichts zu spüren. Hier gab es immer nur ein einziges Mittel: Straßen bauen. Die Motorisierung als vermeintliche Naturgewalt, als Schicksal, als notwendige Modernisierung, als Freiheitsfetisch trieb sie alle dazu an. Auch die Entdeckung der Fußgängerzone war notwendig, um die autogerechte Stadt erst möglich zu machen: eine Stadt mit Autobahnzubringern, mit mehrspurigen Ringen, mit Sammelstraßen direkt ins Zentrum hinein und dort mit minimalen Fußgängerzonen, einem auf bloßen Einkauf reduzierter Restauslauf. Direkt »bekämpft« wurde immer nur der Stau durch Bau, produziert also nichts weiter als neuer Stau. Der Traum vom flüssigen Verkehr blieb stets ein Traum. Denn jede neue Fahrspur heißt Produktion von noch mehr Stau. Der Stau ist der Igel:»Bin schon da!« Doch der Hase baut weiter.

Seit 1973 gibt es den sogenannten Bundesverkehrswegeplan (BVWP), der alle paar Jahre fortgeschrieben wird. Dieser versucht, die Wünsche des Drogenkartells in eine politische Form zu bringen, aufgrund der betoniert und asphaltiert wird. Neuerdings auch von Privaten oder in PPP (Public-Private-Partnership)[16] – die beste Form Geld zum Fenster hinaus zu werfen und es überfahren zu lassen, und das mit teils katastrophalen Folgen wie im Sand versinkenden Autobahnen. Auf jeden Fall wird es dabei realistisch über mehrere Jahre gerechnet immer teurer für den Steuerzahler.

Der BVWP – der neueste reicht bis 2030 – ist ein planwirtschaftliches Instrument, das Bund und Länder veranlassen soll, das Geld, das sie haben, und auch das, das sie nicht haben, hauptsächlich in Pisten für den MIV umzuwandeln. Dabei war schon vor dem ersten BVWP klar, dass man lange nicht so viel Geld hatte, um all die Straßen zu bauen, die das Drogenkartell haben wollte. Und so ist es trotz dem Panikgerede von der Verkehrswende bis heute geblieben: Den geplanten Investitionen stehen in der Regel Bedarfspläne von weit über dem Doppelten gegenüber. Seit Jahrzehnten wird das garniert mit Lippenbekenntnissen zum Umweltschutz und zum Ausbau der Schienenwege und des öffentlichen Verkehrs.

Immer noch wird weiter Irrsinn angeboten: Elektroauto, Hybrid, Wasserstoff, autonomes Fahren, Deregulierung des Taxigewerbes. Dabei hat man erst in den letzten Jahren Schlimmstes praktiziert: Die Straßenbahn wurde aus fast allen Städten hinausgeworfen, zerstört, durch teure U-Bahnen nur teils ersetzt – aber so wurden die Straßen frei für das Kfz. Dann die Bahnprivatisierung mit Tausenden Kilometern stillgelegter Strecken, mit massenhafter Gleisanschlusszerstörung, mit Rausreißen von Weichen und Überholgleisen, mit Bahnhofsschließungen und

-zerstörungen wie bei Stuttgart 21 oder Altona 21, mit superteuren Bolzstrecken ohne Anschluss in die Provinz, mit Straßenbauprivatisierung, mit Zulassung von Fernbusverkehr ohne Maut oder mit Genehmigung von Super-Lkw aka Gigaliner. Geplant ist weiterer Unsinn, zum Beispiel ein zweiter S-Bahn-Tunnel in München oder ein Fernbahntunnel in Frankfurt. Permanent wird Geld in falsche »Alternativprojekte«, in Pyramiden, gesteckt. In der Hoffnung, dass die Technik das Problem schon lösen werde. Nichts dergleichen wird aber passieren, wenn nicht ein harter Schnitt gemacht wird.

Seit Jahrzehnten gibt es Daten darüber, dass neue Verkehrswege Verkehr induzieren. Und Berechnungen zeigen, dass die externen Kosten von Pkw und Lkw gigantisch sind, dass mit Steuergeldern und Versicherungsbeiträgen, mit öffentlichen Geldern dieser ganze Wahnsinn subventioniert wird bis zum Anschlag.

Schon seit Jahrzehnten weiß man von den externen Kosten des motorisierten Individualverkehrs: Verkehrsunfälle, Sachschäden, Personenschäden, Tote, Unfallrettungskosten, Heilkosten, Umschulungskosten, Renten, Folgekosten, Unfallverhütung, Verkehrsüberwachung, Staukosten, Straßenbau, Lärm, Luftverschmutzung, Wasserbelastung, Flächenbeanspruchung, Treibhauseffekt. Besonders defizitär ist dabei der Lkw-Verkehr, der schon 1989 nur einen Kostendeckungsgrad von 15 Prozent erreichte. Alle Studien kamen auf erhebliche externe Kosten des Straßenverkehrs, die für die BRD immer eine dreistellige Milliardensumme bedeuteten,[17] wohingegen die Defizite der Eisenbahnen Peanuts waren. Hermann Knoflacher ging sogar davon aus, dass die externen Kosten die realen Kosten des Autofahrens verdoppeln würden. Das hieße circa 400 Milliarden Euro externe Kosten für die BRD im Jahr 2010.

Allem aktuellen Gelaber von der Verkehrswende zum Trotz wurde es merkwürdig still um die externen Kosten, sie wurden jedenfalls nicht mehr offen kommuniziert. Könnten solche Kosten vielleicht beim Versuch einer falschen Wende vom Auto zum Auto schaden? Erst Ende 2018 gab es wieder eine Untersuchung der EU, die – ohne Straßenbau und Staus einzubeziehen – auf externe Kosten von jährlich 1 000 Milliarden Euro kam, vermutlich viel zu wenig. Der Kfz-Verkehr machte dabei 75 Prozent aus, der maritime Verkehr 15 Prozent, der Flugverkehr 7 Prozent und der Bahnverkehr nur 3 Prozent. Kosten, die wir alle zahlen – sogar diejenigen, die nicht oder selten Auto fahren.

Provinzielles

Das Autovirus grassiert nicht nur auf Bundesebene. Es gibt auch enorm viele Landespolitiker, die in ihrem Wahlkreis die schönsten und längsten Autobahnen haben wollten, die Tempolimits kippen, die autofördernde Bahnprojekte wie Stuttgart 21 finanzieren, die sich gegen Fahrverbote und Beschränkungen des Kfz-Verkehrs wenden, die Diesel für eine gute und dessen Schadstoffe für eine falsch gemessene Sache halten. Die sich in hochmotorisierten Dreckschleudern kutschieren lassen wie der katholische Ex-Maoist Winfried Kretschmann (Grüne) oder die Trambahnen verhindern wie die FDP in Wiesbaden oder Olaf Scholz (SPD) in Hamburg, die U-Bahnen zur Platzfreiräumung für die Kfz wie in Berlin durch den Regierenden Bürgermeister Müller von der SPD durchsetzen. Die sich zur Äffin machen und mit einem E-Scooter übers Saarbrücker Kopfsteinpflaster rotteln wie die saarländische SPD-Verkehrsministerin Anke Rehlinger, die solchen Kokolores als Alternative zur autogerechten Landeshauptstadt Saarbrücken feilbietet. Die wie die bayerische Ministerin für Digitalisierung Dorothee Bär uns den gleichnamigen aufbindet und fluguntaugliche Elektro-Dummys für die (autonome) dreidimensionale Mobilität vorstellt, genannt »Flugtaxis«, Irrsinn hoch drei. Und wenn diese Drohnengesellschaft in der Verkehrspolitik versagt hat, darf sie direkt in die Dienste von Drogenbaronen der Autoindustrie treten, wie einst Matthias Wissmann, der vom BRD-Verkehrsminister zum führenden Märchenonkel der Autoindustrie aufstieg.

Abbildung 12: Dorothee Bär, Minister-Kollege Andreas Scheuer mit Star-Wars-Laserschwertern im Kampf gegen den Stau.. © dpa/Gerald Matzka.

Schließlich lauern die Politiker an der Basis, die Gemeinde- und Stadtträte, die jeden Tanz ums Goldene Kalb mitmachen, die seit

Jahrzehnten vom Ausbau des öffentlichen Verkehrs reden – aber bislang nie auf die Idee kamen, den Autoverkehr in ihrer Stadt einzuschränken oder ihn ganz zu unterbinden. Auch ihre Lösung heißt: mehr Beton, mehr Asphalt und, falls gar nichts mehr geht, die Umgehungsstraße oder gleich eine neue Autobahn. Sie alle sind Mobilfetischisten, die als Erstes nur eine Art der Mobilität kennen und deshalb für die Ausdünnung von Buslinien, für die Stilllegung von oberirdischen Schienenstrecken beziehungsweise deren Umwandlung zu Radfahrwegen oder Draisinen-Touristengaudis sind – weil sich Bahn- oder Tramverkehr angeblich nicht lohnt und Räder oder Draisinen so ökologisch sind. Es wird dabei so getan, als wäre der Autoverkehr in den Kommunen selbstfinanzierend, als würden die Motorisierten zu viel bezahlen, als seien sie marktwirtschaftlich überprofitabel und würden beim Parken oder beim zu schnellen und oft genug tödlichen Fahren abgezockt. Genau das Gegenteil ist der Fall: Kommunen haben tagtäglich gigantische reale Autokosten.

Es ist seit Jahrzehnten bekannt, was der Autoverkehr eine Stadt kostet,[18] dass er ein besonders teures von allen, auch den Nichtmotorisierten, subventioniertes Vergnügen ist. Doch niemand kommt auf die Idee, Straßen stillzulegen, weil sie nicht mehr rentabel sind, so wie auch Schienenstrecken wegen angeblicher Unrentabilität abgebaut werden. Dies liegt auch daran, dass die Subventionierung des Autoverkehres indirekt erfolgt und nicht direkt wie bei der Bahn beim Nahverkehr und Streckenbau oder durch eine Gemeinde zum Ausgleich der Verluste von Verkehrsbetrieben.

So hat Frankfurt 2019 circa 130 Millionen Euro Kosten des Kfz-Verkehrs, die nicht durch Parkgebühren, Blitzer oder Kontrollen gedeckt sind – von wegen Abzocke des Autofahrers. Darin sind die oben erwähnten externen Kosten für Unfälle, Luftverschmutzung, Lärm und Staus, Klimaveränderung *nicht* mit enthalten. Bundesweit kommt da ein hübsches Sümmchen in hoher zweistelliger Milliardenhöhe zusammen. Wie gesagt, das sind nur die Kommunen, nicht die Länder und nicht der Bund, und alles sind reale Kosten, keine externen Rechnungen. Wenn man dann dagegenhält, dass zum Beispiel der öffentliche Verkehr in all diesen Städten mit weit weniger Geld gefördert beziehungsweise »subventioniert« wird, wo dieser effizienter, umwelt- und menschenfreundlicher ist, fragt man sich: Warum wird dieser Bereich ständig von Streichungen und Ausdünnungen bedroht?

Provinziell sind zudem die meisten Planungsdezernenten und Architekten, die neue Straßen planen, sowie die sündteuren unterirdischen Parkhäuser. Die jeden neuen Quadratmeter Fußgängerzone oder vielleicht sogar oberirdischen Schienenweg erkaufen mit neuen Tiefgaragen, U-Bahnen und Umgehungsstraßen. Die nutzlosen Luftreinhaltepläne, sinnlose Umweltzonen oder Fahrverbote für einzelne Straßen mit zig Ausnahmen für praktisch alle entwickeln und die ihre Städte im Dreck von Feinstaub und Stickoxiden ersticken lassen, EU-Grenzwerte hin oder her. Diese Kommunarden werden auch noch geschützt von der Heerstraße des Bundestags, der beispielsweise im März 2019 hanebüchene Gesetze zur Entwertung der Grenzwerte erlässt.

Es sind Politiker, die oft genug nicht nur selbstsüchtig, sondern selbst süchtig sind – und die sich ständig fürchten vor dem Drogenkartell, dem sie sich freiwillig, manchmal lukrativ unterworfen haben. Anfangs fahren sie, sollten sie grün sein, demonstrativ mit dem Fahrrad, später haben sie doch einen Dienstwagen, der irgendein PS-starkes Hybridgeschoss ist und als umwelttauglich verkauft wird. Oder einen Diesel wie der grünkatholische Ministerpräsident von Baden-Württemberg, der einst für weniger Autos plädierte, jetzt aber Sand für seinen Enkel besorgen und deswegen eine tonnenschwere Dreckschleuder in der NO_x-verseuchtesten Stadt der Erde, in Stuttgart[19] fahren muss. Und so werden sie päpstlicher als der oberste Betonpapst. »Mir kennet alles, außer net Audofahre!«

Überhaupt Dienstwagen. Von 46,25 Millionen zugelassenen Pkw in Deutschland sind 5,07 Millionen Dienstwagen (11 Prozent). Jährlich werden 800 000 Geschäftsfahrzeuge zugelassen, und 60 Prozent aller Neufahrzeuge deutscher Hersteller sind Dienstwagen BMW produziert im Inlandsabsatz zu fast 80 Prozent nur noch Dienstwagen, hochmotorisiert, schwer und umweltschädlich[20] – und bald noch schwerer, weil Elektro, dank zusätzlicher Milliardenförderung durch die Bundesregierung.[21]

Dienstwagen waren schon früher die am höchsten subventionierten Fahrzeuge, sie werden mengenrabattiert, haben geringere Mehrwertsteuersätze bis gar keine, sind absetzbar, erhöhen die Abschreibungen, senken die Lohnkosten und bestechen die Mitarbeiter, die mit ihnen fahren dürfen indirekt. Vor allem Gewerkschafter und Betriebsräte werden so bei Laune gehalten. Bald werden 10 Prozent der Kfz-Gesellschaft eine staatlich hochgeförderte Dienstwagengesellschaft sein. Und Abgeordnete haben ihre Fahrbereitschaft in der Hauptstadt, die sie überall hinbringt, obwohl sie kostenlos mit dem öffentlichen Verkehr und der Bahn fahren dürfen. Und auch die grüne Führungskraft Anton Hofreiter gab mir gegenüber in einer Talkshow zu, lieber mit der Fahrbereitschaft als mit der Tram zu fahren.

Viele Menschen spüren diese Irrwege der Moderne durchaus, aber sie reagieren darauf meist mit Regression. Denn grundsätzlich sehen Verkehrs- und Stadtplanung immer noch so aus wie vor 50 Jahren. Frankfurt, die deutsche Boomtown platzt zum Beispiel aus allen Nähten, also plant man neue Viertel. Bloß wie? Man plant mit dem und durch das Auto. Zuerst werden großzügige Straßen gebaut (wie am Riedberg) und noch großzügigere Parkflächen. Drumherum sind Autobahnen und Sammelstraßen, die selbstverständlich großzügig angeschlossen werden. Dann wird eine superteure U-Bahn geplant oder eine aufwendige oberirdische Stadtbahnstrecke, statt einer Niederflurtram. Das Konzept Stadtbahn, mit breiten, teils vierzügigen Wagen und 76 Zentimeter hohen Bahnsteigen, ist extrem flächenverbrauchend und hat Trennwirkungen auf die durchfahrenen Stadtteile. Radwege und breite Fußgängerflächen zulasten des Autos werden dabei allerdings meist vergessen.

Grundsätzlich: Ein Straßenbahnanschluss ist immer besser als eine U-Bahn, Radwege immer besser als breite Autostraßen. Und

Fußgängerzonen sind nur sinnvoll, wenn sie Breitenwirkung, auch Mischbebauung, haben, sich zu Netzen entwickeln und nicht zu reinen Konsummeilen verkommen. Auch Gehwege an Straßen taugen nur, wenn sie breiter als 2,50 Meter sind. Außerdem könnte man mit diesen Kombinationen autofreie Stadtteile gestalten. Dies wiederum setzt ein vollkommen anderes Verkehrskonzept für die gesamte Stadt voraus. Inzwischen gibt es erste Lichtblicke, Planungen für mehr Tram-, Rad- und Fußverkehr. Bislang ist dies aber nur ein Tropfen auf den immer heißer werdenden Stein. Und die, die von einer »Verkehrswende« sprechen, meinen damit meist das Elektroauto und manchmal das Flugtaxi.

Die Vertreter der Arbeiterklasse

Ja, und dann gibt es, nicht zu vergessen, die Vertreter der Arbeiterklasse. Die Schar der Betriebs- und Vertrauensräte sorgt sich selbstverständlich großteils um die Wettbewerbsfähigkeit des deutschen Kfz-Kapitals. Statt den Managern die Macht zu entziehen, helfen sie noch mächtig mit, an der Schraube zu drehen. Die einstmals erkämpfte Mitbestimmung dient meist nur dazu, das deutsche Autokapital gegen die ausländische Konkurrenz – »Kina« wie der Bayer sagt – starkzumachen.

So verkündete etwa Erich Klemm, Chef des Gesamtbetriebsrats bei Daimler, der Mutter aller Autos, während der letzten Autokrise, man müsse diese gemeinsam überwinden. Hatte man doch schon vorher die Mitbestimmung benutzt, um zu einer »höheren Arbeitsproduktivität« zu kommen, und war man stolz darauf, dass sich »zwischen Mitbestimmung und Innovation« ein »positiver Zusammenhang«[22] abzeichnet, was nichts anderes bedeutete, als dass man die Überproduktion kräftig mit anschüren half, die letztlich zum Crash führte. Für dieses Co-Management stehen ihnen gehobene Dienstlimousinen, First-Class-Hotels und bequeme Businessflüge zu.

Da ist zum Beispiel der im Februar 2019 zurückgetretene Gesamtbetriebsratsvorsitzende von Porsche, Uwe Hück. Man nahm an, dass »der Hofnarr«[23] ohne Boni zwischen 200 000 und 400 000 Euro für seine Dienste im Namen der Arbeiterklasse verdiente. Er fuhr einen Dienstwagen auf Konzernkosten, einen Porsche Cayenne, der 66,7 Liter auf 100 km bei Tempo 250 verbraucht,[24] und hatte noch einen zweiten Renner mit 355 PS der Marke seines Arbeitgebers geleast. Und was machte Hück, der ehemalige Thaiboxer? Er war 2007 dem damaligen Porschechef Wiedeking »williger Helfer«,[25] arbeitete gegen den Betriebsrat von VW, sprang Konzernchef Piëch bei, als dieser mit Porsche VW schlucken wollte, und er war der Frontmann für spezielle Innovationen. Um einen – vermutlich besonders umweltfreundlichen – 600 PS starken Elektro-Porsche (»Mission E«, jetzt Porsche Taycan) mitentwickeln zu können, setzte sich der Sozialdemokrat auch mal für Lohnkürzungen ein oder für mehr unbezahlte Arbeitszeit. Die Beschäftigten bei Porsche bekommen immerhin einen guten Lohn, selbst wenn der Mehrwert, den sie produzieren, beim Konzern bleibt. Denn 3 500 Euro monatlich, inklusive Gratifikationen etwa 50 000 brutto im Jahr, sind nicht gerade wenig. Oder vielleicht gerade genug, um stillzuhalten, wenn der Betriebsrat wieder Kürzungen zustimmt oder Entlassungen oder sich für mehr Arbeitshetze einsetzt.

Diese Betriebsräte müssten sich eigentlich überlegen, wie man die Arbeiterschaft in sinnvolle und zukunftsträchtige Branchen führen könnte. Denn man wird sowieso bald nur noch einen Bruchteil der Beschäftigten zur Überwachung der Autoproduktionsroboter für die Elektroautos benötigen, die ja ohne Kupplungen und komplizierte Mechanik auskommen, mit nur noch 210 anstelle von 1 400 Einzelteilen. Doch statt Arbeitszeitreduzierungen bei vollem Lohnausgleich wegen der Produktivkraftgewinne zu fordern, akzeptieren diese Räte des Betriebs Lohnkürzungen und vergießen Tränen, weil Porsche nicht Porsche oder Opel nicht Opel bleiben darf. Als sei es ihr Betrieb und nicht der der herrschenden Motorisierer und Profiteure.

Solcherart Hofschranzen der Kfz-Gesellschaft wehren sich natürlich vehement gegen Umweltschutz und Tempolimits, weil sie die Geschwindigkeit ihrer Dienstwagen nicht drosseln wollen, so etwa der Ex-Thaiboxer.[26] Aus diesen hochsubventionierten Dreckschleudern und *nicht* vom bürokratisierten, weil robotercomputerisierten, mit indirekter Steuerung arbeitenden Kapitalismus 4.0 aus betrachten diese Männer die Welt oder sehen sie an sich vorbeirasen.

Und Manfred Schoch, Betriebsratschef von BMW, lässt per *Bild* gleich verbreiten, dass die Arbeiter jetzt nicht mehr SPD wählen könnten, weil Kevin allein zu Hause bei den Sozialdemokraten als Jungsozialist und grundgesetzkonform Sozialismus forderte, so wie es die SPD gefühlte 300 Jahre gefordert hatte. Was empfiehlt denn Schoch, der offensichtlich nicht weiß, woher das Wort »Betriebsrat« kommt und wer erkämpft hat, dass es so etwas gibt, bestimmt nicht kanalarbeitende Wirtschaftsingenieure wie er, vielleicht die AfD? Und der Vorsitzende des Gesamtbetriebsrats bei Daimler, seit Februar 2019 auch stellvertretender Aufsichtsratsvorsitzender, Michael Brecht stimmt Schoch zu. Grandiose Vertreter der Arbeiterklasse, die jeden Dreck der Betriebsleitung mit-, aber sich gleichzeitig in die Hosen machen, wenn Kevin K. das fordert, was vor 100 Jahren alle Betriebsräte Deutschlands gefordert hatten.

Statt auf Konversion und Wende hin zu arbeiten, werden von diesen Vertretern der Arbeiterklasse stattdessen »Zukunftsverträge« unterschrieben, die den Abbau Tausender Stellen und massive Lohnkürzungen zulassen, wie 2004 bei Opel durch Klaus Franz, den »heimlichen Boss von Opel«, wie ihn das *Handelsblatt* nannte, und ein früheres Mitglied der Gruppe Revolutionärer Kampf. Dieser »Zukunftsvertrag« sorgte dafür, dass hauptsächlich ausländische Mitbürger und Behinderte bei Opel ihren Arbeitshut nehmen durften. Verhindert hat dies zwar Werksschließungen und betriebsbedingte Kündigungen, aber es hat weder die Tendenz dieser Spitzenindustrie gebremst, mit immer weniger Menschen immer mehr asoziale Autos auszuspeien, noch hat es in irgendeiner Weise den zerstörerischen Automobilismus gebremst.

Franz, der in den 1990ern für die Grünen im Magistrat von Rüsselheim saß, 2000 bis 2012 Chef des Gesamtbetriebsrats, dann Buchautor zur Rettung von Opel war,[27] ist mittlerweile als Unternehmensberater tätig. Jetzt kann er sich wieder revolutionär geben, härtere Grenzwerte fordern und natürlich das revolutionäre Kampfmittel schlechthin preisen: das Elektroauto.[28] Denn das ist nicht da, um CO_2 zu reduzieren, sondern um die Profite des Autokartells zu retten, das bald mit global 120, dann 150, vielleicht mal 200 Millionen Fahrzeugen pro Jahr die Welt überrollen will. Und gäbe es nicht immer wieder die dummen Überproduktionskrisen, könnte die gleiche Zahl von Automalochern mit immer mehr Robotern, immer mehr Bürokratie, immer mehr und mehr Kfz produzieren und ihren Herren immer mehr Kohle in die Tasche und in die Akkumulation fließen lassen. Und die Vertreter der Malocher hätten ihre Aufgabe erfüllt: Arbeitsplätze erhalten, Produktivität und Profit gesteigert.

So wurde und wird fast jeder Mist des Managements mitgemacht. Wenn mal einer der ganz Mächtigen im Machtkampf gehen musste, weil er sich beim Schlucken von VW im Auftrag des Porsche-Enkels, dessen Opa damals für den ersten Autokanzler den KdF-Wagen gebaut hatte, übernahm, machte der »Betriebsratschef« den Kotau vor den scheidenden Vorständen seines Sportwagenherstellers: »Wir sind dankbar, dass ihr unsere Chefs wart!« Hier rutschte dem ehemaligen Kampfsportler erst das Herz in die Hose und er selbst auf den Knien vor seinen Herren herum, und Tausende von Porsche-Arbeitern standen im Regen, um ihren scheidenden Chef Wiedeking zu beweinen. Tränen lügen nicht, und 50 Millionen Euro Abfindung halfen Wiedeking, die Tränen zu trocknen. Er wollte Teile davon stiften, stiften gehen müssen andere – insbesondere wenn Überproduktion und Markteinbrüche wie jüngst in China weltweit Realität werden.

Selbst Dieselgate nützte dem Drogenkartell, weil es beim an den PSA-Konzern verkauften Traditionshaus Opel die Belegschaft zu weiteren Zugeständnissen zwang, Einsparungen durchpeitschen, Leiharbeiter vor die Tür setzen, und die Intensivierung der Arbeit, wie Produktivitätssprünge vorantreiben konnte.[29] Das Kartell war mühelos in der Lage, trotz des Abgasbetrugs riesige Milliardenbeträge einzufahren. Allein VW wies 2017 eine Gewinnrücklage von 81 Milliarden Euro auf. »Damit lassen sich die Belegschaften ruhigstellen, solange der ›äußere Feind‹ gemeinsam bekämpft werden soll.«[30] Denn die USA sind neidisch und schuld am Dieselgate, und die Belegschaft mit ihren Vertretern sind deshalb »exklusiv solidarisch« mit ihrem Betrieb und gegen andere Betriebe. Die Belegschaften von Opel in Rüsselsheim, Kaiserslautern und Eisenach bleiben dabei ganz auf sich gestellt wie die Opel-Belegschaften in Belgien und England – oder stehen auf der Straße wie in Bochum.

Und was machte die IG Metall, unmittelbar nachdem der Dieselskandal publik wurde? Sie gab Slogans für VW aus: »Ein Team – eine Familie.« Damit ließ sie im Oktober 2015 10 000 T-Shirts bedrucken und viele Buttons – und zog so auch die Linke Niedersachsens auf ihre Seite. »Dabei läge es im wohlverstandenen Interesse der Beschäftigten bei VW und in der Zulieferindustrie, zu den Betrügereien und den Versäumnissen des Managements und der Eigentümer bei der Umstellung/Transformation auf eine Mobilitäts- und Verkehrswende kritisch Stellung zu nehmen und Auswege aus der Krise aufzuzeigen.«[31]

Die Ideologen der Motorisierung wollen uns außerdem einreden, dass jeder siebte Arbeitsplatz vom Auto abhängt – und so mancher Kritiker glaubt es allzu gern. Sehr wohl ist die Autoindustrie eine der mächtigsten. Dies hat aber weniger mit der Zahl ihrer Arbeiter zu tun, sondern mit Kapitalmacht und mit den Verflechtungen mit Exekutive, Legislative und Rechtsprechung.

Derzeit arbeiten 828 000 Menschen in Deutschland[32] unmittelbar für die Autoindustrie, also in der Produktion und bei Zulieferern – und die schaffen den vielfachen Output wie ebenso viele noch vor einigen Jahren. Insgesamt sind das knapp 2,5 Prozent von 33,2 Millionen sozialversicherungspflichtigen Arbeitnehmerinnen und Arbeitnehmern[33] und damit jeder 40. Arbeitsplatz. Nimmt man Tankstellen, Werkstätten und Straßen dazu, kommt man vielleicht auf eine Million Beschäftigte oder jeden 33. Arbeitsplatz.

Doch die Drogendealer zählen alles zu den indirekt abhängigen Arbeitsplätzen. Mitgerechnet werden folglich auch die Omnibusherstellung, der Süßigkeitenverkauf an Tankstellen – die Nebengeschäfte dort machen 50 Prozent des Umsatzes aus –, aber auch Unfallärzte und Totengräber. Dass Straßen auch von anderen Verkehrsteilnehmen, wie Fußgängern, Radfahren, Bus- und Tramreisenden benutzt werden, scheint da nicht zu zählen. Aber auf jeden Siebten kommen sie damit auch nicht, denn das wären 4,7 Millionen Menschen. Auch weltweit ergeben sich zahlenmäßig keine umwerfenden Ansammlungen: 10 Millionen Autojobs machen gerade mal 5 Prozent der Arbeitsplätze in der Weltwirtschaft aus.[34]

Zum Vergleich: Auch von der Bahn hängen direkt und indirekt Hunderttausende Arbeitsplätze ab – vor ein paar Jahren waren es noch über eine Million. Macht man solch eine Rechnung auf wie beim Kfz, käme man im Schienenverkehr auf mehrere Millionen Arbeitsplätze. Und selbst diese Zahl ließe sich mit einer Flächenbahn – einer Bahn mit hoher Netzdichte und Taktverkehr wie in der Schweiz – noch gewaltig steigern. Doch es wurden Leute lautlos rausgeschmissen beziehungsweise pensioniert. Die Deutsche Bahn hat mehr als die Hälfte ihrer Beschäftigten seit der Einheit abgebaut und ist dadurch in ihre größte Krise geraten. Seit 1990 wurden europaweit 500 000 Bahnarbeitsplätze vernichtet – doch davon redet fast niemand. Beim Auto gibt es hingegen immer großen Bohei, wenn mal ein Arbeitsplatz wegfällt.

Übrigens: In den letzten 30 Jahren stieg die Fahrradindustrie zum Jobmotor auf: 250 000 Arbeitsplätze gibt es hier inzwischen. Es wäre also Konversion, die Übernahme von Arbeitsplätzen aus der Kfz-Industrie in die Bahnindustrie oder in die Fahrradbranche, möglich.

Und sage noch einer, aufgrund der Massenfertigung wäre eine Umstellung so rasch nicht möglich. Ständig werden neue Modelle entwickelt, ständig wird umgestellt und konvertiert. Die Massenfertigung ist gerade dazu prädestiniert, dass sie rasch umgestellt werden kann. In den USA wurde nach Pearl Harbour die ganze private Autoproduktion sehr schnell ein- und umgestellt auf Kriegsproduktion – was übrigens Zehntausenden von Menschen auf den Straßen der USA das Leben rettete. Wieso soll man also eine solche Produktion nicht auf Bahn, Bus und Fahrradproduktion umstellen können. Zudem: Auch andere Bereiche könnten profitieren: Im Bildungssektor arbeiten 1,8 Millionen Menschen, und dort herrscht enormer Kräftemangel.

Auch bei den Vertretern der Arbeiterklasse zeigt sich ein Silberstreif am Horizont beziehungsweise gibt es einige Gallier unter den Drogenrömern:»Das Auto ist ökologischer und gesellschaftlicher Blödsinn.«So urteilte Uwe Fritsch, VW-Betriebsrat in Braunschweig bei einer Diskussionsrunde von Verkehrsexperten schon im Dezember 2009 und fuhr fort:»Denkbar ist auch eine Umstellung der Autoproduktion auf Schienenfahrzeuge. Die einzige Alternative, die keine ist, jedenfalls keine ökologisch sinnvolle, ist das Elektroauto. Das ist eigentlich nichts anderes als der letzte Versuch, so weiterzumachen wie bisher.«[35] Heute ist Fritsch Chef des Betriebsrats – ob er immer noch so denkt, ist ungewiss.

Aber es gibt oder gab noch einige andere: Tom Adler bei Daimler, Theo Völkl bei Porsche, Achim Bigus und Stephan Krull bei VW.[36] Leider sind die meisten von ihnen ausgestiegen. Es bleibt zu hoffen, dass jüngere autokritische Betriebsräte nachfolgen. Denn dies ist für eine Verkehrsrevolution unabdingbar, und diese würde so wie vor 100 Jahren, als die Betriebsräte aus der Rätebewegung in Deutschland entstanden, ihnen ihre ursprüngliche Macht wiedergeben.

ADAC et al.

»Die Automobilindustrie regiert in Deutschland durch bis ins Kanzleramt.«

(Jürgen Resch Deutsche Umwelthilfe)

Größter Club Europas und zugleich einer der einflussreichsten Verbände Deutschlands ist der ADAC, den es seit 1903 gibt. Er zählt 20,72 Millionen Mitglieder, das heißt, jeder vierte Einwohner ist Mitglied, die größte Junkie-Vereinigung aller Zeiten, die bislang das auflagenstärkste Printprodukt herausgab, die *ADAC Motorwelt*, mit fast 14 Millionen Lesern – es waren allerdings schon mal über 18 Millionen. Wie alle Zeitschriften und Zeitungen schrumpft die Auflage, und der Verein beschloss im Februar 2019, das Blatt von zehn auf vier Ausgaben pro Jahr zu reduzieren, die Auflage weiter einzudampfen und die gelbe Drogenwerbung an eine externe Firma outzusourcen und nicht mehr kostenlos an Mitglieder zuzuschicken – immerhin 50 Millionen Euro verschlingt allein der Postversand jährlich.[37]

Längst propagiert der Club, der als seine Hauptaufgabe das »Anbieten von Hilfe, Rat und Schutz in Sachen Automobilität« sieht, nicht mehr die postfaschistische »freie Fahrt für freie Bürger« – das erledigt inzwischen die AfD –,[38] sondern weiß auf andere, »softe« Weise, in der Öffentlichkeit und Backstage Tempolimits und Restriktionen für seine millionenfache Pkw-Junkie-Gemeinde zu verhindern. Der ADAC scheut sich nicht, sich offen zu seinem Drogenlobbyismus zu bekennen:

»Es gibt auf der politischen Bühne Vorgänge, über die lesen Sie nie etwas. Geht es dabei um die Durchsetzung wichtiger Positionen in der Wirtschafts- oder Verkehrspolitik, dann ist, so auch die Erfahrung im ADAC, Schweigen oft Gold wert. Lobbyarbeit heißt das Wort für oft intensive Hintergrundtätigkeit in Berlin, Brüssel, in den Städten und Kommunen.«[39]

Der Kfz-Förderverein wirft bislang in allen Autobelangen sein Gewicht in die Waagschale – insbesondere bei der Propagierung weiteren Straßenbaus, bei der Verhinderung von Kostenwahrheit beim Kfz-Gebrauch oder bei jedem ernsthaften Versuch, die Drogensucht einzuschränken. Längst ist der Verein seinem Anliegen, alles zu motorisieren, was nur laufen kann, sehr nahegekommen und verfügt damit über eine gewisse Gelassenheit. Der ADAC muss nicht mehr besonders laut hupen, es läuft meist ohnehin alles nach seiner Fasson.

Zugleich ist er sehr um die Sicherheit seiner Autler besorgt, unternimmt regelmäßig Crashtests und kümmert sich darum, dass die Pkw-Insassen immer sicherer rasen dürfen. Dabei scheut sich der ADAC nicht, die Lkw-Transportwirtschaft anzugreifen, die ihm mit ihren zahllosen »Brummis« auf der Autobahn im Weg steht, was die Bahn bislang nicht positiv für ihre Belange genutzt hat.

Der ADAC warnt nicht mal mehr, wenn die Radfahrer mehr Rechte auf der Straße bekommen sollen, wie kürzlich vorgeschlagen. Als im April 2019 der Städtetag einen 15-Punkte-Plan zur Sicherheit der Radfahrer verabschiedete, sogar das Nebeneinanderfahren erlauben wollte, gab sich der ADAC großzügig: »Grundsätzlich ist ein Umdenken bei Stadt- und Verkehrsplanung notwendig, das die neuen Mobilitätsformen berücksichtigt.« Der Umstieg vom Auto aufs Fahrrad müsse attraktiver werden[40] – im Gegensatz übrigens zur CDU, die Kampfradler ihre Autos schlachten sah. Sehr nützlich sind auch die Ecotests des ADAC, die der Realität viel näherkommen als die verlogenen Labortests auf dem Rollprüfstand der Konzerne.

Anfang der 1990er Jahre konnte der Verein mit der gelben Weste sich sogar autofreie Innenstädte vorstellen, als Rot-Grün in Frankfurt entsprechende Pläne ankündigte,[41] sorgte aber durch weiteren Drogenhandel hinter den Kulissen dafür, dass es nicht so weit kam. Noch 2014 warnte der mächtige gelbe Riese vor autofreien Innenstädten als Patentlösung, zeigt in letzter Zeit aber durchaus eine gewisse Weichheit, die sich nutzen ließe. Die autobefreite Innenstadt ist insofern unser trojanisches Pferd für eine Verkehrsrevolution, auch beim ADAC.

Gleichzeitig findet der ADAC aber weiterhin nichts dabei, Jugendliche durch Anfixen für den motorisierten Einsatz zu missbrauchen. Denn auch das Absenken des Drogeninitiationsalters auf 17 war – unter dem Vorwand höherer Fahrsicherheit – ein Produkt des Automobilclubs. Und selbstverständlich begrüßt der ADAC auch das Absenken der Berechtigung den Moped-Führerschein schon mit 15 machen zu dürfen, obwohl die Bundesanstalt für Straßenwesen (BAST) eine Verdopplung der Unfallzahlen beim Modellversuch im Ostdeutschland feststellte.

Verkehrsrecht (eingebaute Vorfahrt mit Tötungsvorbehalt) und Bußgeldkataloge sind ohne ADAC schlicht unvorstellbar. Der Verein verquickt geschickt Samariterdienste für die Autler, Autokaufkredite, Fahrerschulung, Sicherheitschecks von Tunneln und Autofähren mit seinem Dauerthema, der Aufrechterhaltung des motorisiertem Mobilitätsfetischs. Sein größter Renner ist nach wie vor der Schutzbrief, eine Art Siegfriedhülle des Carieristen.

Schlimmster Feind des Clubs ist längst nicht mehr die Partei der Grünen, sondern der Stau, den er selbst seit Jahrzehnten mit seinen Mitgliedern produziert und den er mit neuen Straßenbauforderungen ständig fortschreibt. Dafür muss das Menetekel des seit Jahrzehnten prophezeiten und nie eintretenden Kollapses ebenso herhalten wie die Behauptung gigantischer Staukosten, was sich, wenn man es mal wie etwa das Wuppertaler Institut nachprüft, als so genannte Milchmädchenrechnung entpuppt.[42] Wobei Milchmädchen hier ausdrücklich in Schutz genommen werden sollen: Sie rechneten, als es sie noch gab, besser als jeder Carierist. Es ist nicht zu bestreiten: Staus nerven und nehmen zu, sie werden auch vom Kartell weltweit exportiert. Aber die Kosten schätzt der ADAC aus Straßenbaugründen viel zu hoch ein. Und da wir wissen, dass es im Verkehr keine Zeitgewinne gibt, ist die ganze Rechnung müßig. Ein Skandal um den »Gelben Engel« hatte den Autoclub 2014 in die größte Krise seiner Vereinsgeschichte gestürzt. Von 2009 bis 2013 wurde beim Autopreis nicht nur die Rangfolge der Gewinnerfahrzeuge, sondern auch die Teilnehmerzahl gefälscht. Das brachte den Riesen ins Wanken. Der Präsident Peter Meyer musste gehen.

Doch der ADAC hat die Verkehrspolitik immer noch gut im Griff, denn alle automobilen Netzwerke führen zu ihm. Er ist Mitglied in der Fédération Internationale de l'Automobile (FIA), dem internationalen Automobilverband, hat enge Kontakte zum Verband der Automobilindustrie (VDA) und mächtigen Straßenbausekten wie Pro Mobilität, einer selbsternannten Initiative für Verkehrsinfrastruktur, in der abgehalfterte Verkehrsminister, die gesamte Straßenbaubranche, der Güterkraftverkehr, die Automobilindustrie, die Reifenwirtschaft, die Mineralölindustrie und die Autobahntankstellen- und -rasthofbetreiber den Regierungen und Verkehrsministern vorgeben, wo noch zu asphaltieren ist. Die klassische »dreiste Irrführung«, so die Allianz pro Schiene, mit dem Fetischbegriff »Mobilität«.[43]

Auch das World Mobility Forum und inzwischen das 2nd World Mobility Forum, allesamt Zusammenschlüsse hochkarätiger Mitglieder des Drogenkartells, ihrer Dealer und Junkies, pflegen Kontakt zum gelben Riesen. Das 2nd World Mobility Forum traf sich im Juni 2019 in Zell am See-Kaprun, wo »internationale Spitzen aus Forschung, Wirtschaft und Politik«, also »Experten der Branche«, über »das nächste Level der Mobilität« sprachen. Wie dieses Level aussehen soll, kann man dem Foto auf der Homepage entnehmen: Drei hochgetunte Elektro-Kfz standen direkt vor dem Eingang der Betonburg des Kongresszentrums.[44]

Der ADAC beeinflusst den Verkehrsgerichtstag (VGT), das selbsternannte »Verkehrsparlament ohne Gesetzgebungsbefugnis«[45] maßgeblich. Ein Gremium von rechtsverdrehenden Automobilisten, das die Ministerialbürokratie und die Rechtsprechung gegen etwaige Autokritik impft und jahrelang aus Spenden der Wirtschaft, so der Allianz und der Deutschen Erdölindustrie, mitfinanziert wurde. Fußgänger, Radfahrer oder der öffentliche Verkehr, der sogenannte Umweltverbund, haben dagegen keine Vertreter beim VGT – Juristen und Carieristen sind hier ganz unter sich. Der Umweltverbund erscheint bei den Herren nur als Schadensfall. Und ein Großteil der Richter bejaht die Empfehlungen des VGT. Gleichwohl konnte auch der VGT nicht verhindern, dass Gerichte inzwischen massenhaft Diesel-Fahrverbote verordneten, hochrangige Manager einsperrten oder anklagten und jetzt schon zweimal Raser wegen Mordes zu lebenslangem Gefängnis verurteilten. Auch bei der Rechtsprechung gibt es insofern Ansatzpunkte und Fortschritte. Aber selbstverständlich unterstützte der ADAC – trotz allem grünen Anstrich, den er sich längst gibt – Menschen, die gegen die »Umweltzonen« klagten. Und er scheiterte vor Gericht,[46] genauso wie diese viel zu harmlosen »Umweltzonen« bei der Luftreinhaltung.

Überall mischte der ADAC kräftig mit, mehr denn je in Brüssel. Doch es ist nicht der Verein allein. Die ganze Drogenindustrie nimmt maßgeblich Einfluss. Während die Umweltkommissare relativ strenge Immissionsgrenzwerte festlegen, die allerdings von keiner europäischen Großstadt eingehalten werden konnten, ließ Brüssel gleichzeitig mit atemberaubend hohen Summen an gigantischen transeuropäischen Straßennetzen stricken und Geheimlogen wie die High Level Group Cars 21 entstehen, wo unter anderem ausgemusterte Politiker wie Günter Verheugen kräftig an der weiteren Ausbreitung des Blechwahns arbeiteten.

Während sich Vertreter des ADAC inzwischen an den Untersuchungen des International Council on Clean Transportation (ICCT), die vor vier Jahren den Dieselgate ins Rollen brachte, beteiligen,[47] mischte der Verein zugleich 2019 bremsend in der Nationalen Plattform Zukunft der Mobilität mit. Merke: Fast immer, wenn die Begriffe »Mobilität« oder »Elektromobilität«, »Nachhaltigkeit« oder »Verkehrswende« auftauchen, handelt es sich um Blendwerk. Auf Deutsch: um Verarschung.

In diesem Gremium sitzen nicht nur Vertreter des Kartells und »unabhängige« Wissenschaftler, sondern auch ein paar grün angestrichene Feigenblätter wie der NABU, der kleinlaut ein niemandem schadendes Tempolimit auf Autobahnen von 130 km/h fordern darf, um sofort von »Feinstaub-Andi« abgewatscht und als verrückt (»gegen jeden Menschenverstand«) gebrandmarkt zu werden. Was bei solchen Gremien fast immer herauskommt, ist ein Weiter-so mit den Fetischen Elektroauto, Digitalisierung, Vernetzung und autonomem Fahren sowie vielleicht ein paar Cent zusätzlich für den Radverkehr. So kann es nicht, so wird es nicht weitergehen:

> »Der urbane Mobilitätsmix ändert sich radikal. Vor allem in Städten und Ballungsräumen wird sich die Verkehrsmittelnutzung deutlich wandeln. Nicht zuletzt zugunsten des öffentlichen Verkehrs, des Radfahrens und des Zufußgehens. Immer mehr Städte setzen zur Steigerung der Lebensqualität auf Verkehrskonzepte, in denen der Radverkehr einen Großteil des Autoverkehrs ablöst. Vielfach werden neue elektrische Zweiräder zum schnellsten Verkehrsmittel, weil nicht mehr die Höchstgeschwindigkeit, sondern das durchschnittliche Tempo die Mobilität in Städten bestimmt. Verleihstationen und Lastenräder sorgen für eine Neuverteilung urbaner Mobilität und öffentlicher Räume. Die Innenstädte werden zunehmend autofrei und bekommen mehr Lebens- und Aufenthaltsqualität. [...] Vor allem in den großen Metropolen wird es weniger, in ausgewiesenen Zonen auch keine Automobilität geben.«

Wer sagt denn so was? Der Habeck Robert, der Hofreiter Toni, der Schwaben-Kretsch oder die Baerbock Annalena? Und protestiert der ADAC? Nein, der protestiert nicht, der hat das als Vision »Condensed Space« für 2040 geschrieben.[48] Was machen wir denn damit? Umsetzen!

Herrscht noch Geduld? Gleich sind wir so weit.

Die Drogenkuriere

Das Auto tauchte früh im Kino auf, dem amerikanischen zumal. Schon Slapstick-Comedys mit Stan Laurel und Oliver Hardy machten den Ford-T zur Gewohnheit. Doch genauso früh fuhr nicht nur der Crash, sondern auch die Zerstörungswut am Auto immer mit. Das Roadmovie wurde im Tonfilm zum eigenen Genre, und das Schreddern von Kfz gehörte im US-Kino bald zum guten Ton, etwa in *Blues Brothers* von 1980. Es hat auch mit *Fast and Furious* in acht Folgen von 2001 bis 2017 noch kein Ende gefunden, wie einer seiner Hauptdarsteller im richtigen Leben. *Fast and Furious 8½* – den gibt es tatsächlich! – kam 2019 heraus und Folge 9 und 10 sind geplant für 2020 und 2021. Autokonzerne finanzieren halbe Filme wie *Jurassic Park* oder *James Bond* oder früher auch ganze Filme wie *Herbie*. Und kein Film kommt aus ohne Held, der das Gaspedal durchdrückt. Sogar die Simpsons haben als US-Durchschnittsfamilie zwei Autos, bei aller ironischen Kritik an Homers Fahrstil. Zukunftsvisionen wie *Blade Runner I* und *II*, *Das fünfte Element*, *Batman*, *Chronicle* oder, sarkastisch, *Futurama* können sich Mobilität nur mit Autos vorstellen, die sogar fliegen können. Nicht nur Dorothee Bär glaubt, dass das bald Realität sein wird – Start-ups basteln längst an solchem Schwachsinn.

Mit dem Aufkommen des Fernsehens und der TV-Werbung multiplizierte sich die Reklame fürs Auto. Preisausschreiben winkten mit Luxuslimousinen als Hauptgewinn, und kein *Einer wird gewinnen*, kein *Wetten, dass …* und kein *Schlag den Raab* kam ohne Kfz aus. Jeder Werbeblock – bei den Privaten, bei den Öffentlich-Rechtlichen oder im Kino – lockte und lockt mit der Droge Auto, das sich völlig staufrei und von anderem Blech völlig ungehindert in den schönsten Landschaften bewegt – freilich, ohne sie zu zerstören oder zuzuparken. Und Unfälle kommen sowieso nicht vor. Autoanfixen wird in allen Medien praktiziert, nicht nur in den Drogenblättern *ADAC Motorwelt*, *Auto Motor Sport*, *Auto Bild* und anderen. Im Hörfunk: Staumelder und Radarwarner, jede halbe Stunde, mindestens.

Jede Tages- und Provinzzeitung hat ihre wöchentliche Auto-seite, in der legal korrumpierte Redakteure jeden Samstag das Loblied auf Mobilität und auf Kfz singen und dafür beste Hotels und Restaurants vom Drogenkartell bezahlt bekommen. Die Bahn scheut sich nicht, ihre Bahnhöfe und Zeitschriften für die Werbung und Verleihbüros der Konkurrenz zu öffnen. Auf Youtube kann man die Dashcam-Russen bewundern, wie sie Unfälle bauen. Und Netflix und andere Streamingdienste, auch wenn sie noch so gute Serien wie *Breaking Bad* oder *Better Call Saul* anbieten, zeigen ihre gebrochenen Helden nur im MIV mobil. Eine kritische Bild- und Wortöffentlichkeit zum Auto gibt es meist nur in Magazinsendungen. Darin geht es zwar manchmal um Dieselgate, Stickoxide und Klimawandel, aber Scharlatanen und Autoapologeten wird selbst hier wie Dr. Köhler genügend Sendezeit eingeräumt, ihren Unsinn vorrechnen zu können. Auch der AfD-Gastredner Henryk M. Broder verbreitet über seinen Blog Verschwörungstheorien von der drohenden Ökodiktatur und schießt gegen Greta Thunberg, weil diese in den Medien als Heilige Jungfrau des Klimaschlachthofs gefeiert wird.

Das Auto ist unsere zweite Haut. Sein Gebrauch erscheint uns als Naturgesetz. Kein Bild, das wir von uns machen, kommt ohne das Kfz aus. In den Medien wird »kritisch« allenfalls das E-Auto als Reform angeboten. Aber das Kfz ist nicht reformierbar. Und die Antiautobewegung schläft noch. Doch sie wacht auf, keine Frage. Der Wecker hat längst geklingelt.

Die »Autokritischen«

Von CDU, CSU, FDP und SPD weiß man, dass sie Autoparteien sind. Am wendigsten war bislang – ohne dass es ihren Untergang bremste – die Sozialdemokratie: An der Regierung von 1969 bis 1982 gehörte sie zu den größten Förderern des Kfz und zu den schlimmsten Betonierern, faselte später aber in der Opposition zwischen 1982 und 1998 vom ökologischen Umbau, der Arbeitsplätze bringe, und forderte immer wieder ein Tempolimit. Kaum war sie mit Basta-Gerhard wieder regierungsamtlich im Dienste des Drogenkartells unterwegs, vergaß sie Tempolimit plus ökologischen Umbau, holte den Schienenwolf Hartmut Mehdorn an die Bahnspitze, drückte aufs Gas bei Privatisierung und Börsengang der Bahn,[49] forcierte den Straßenbau, übernahm Hartz IV vom gleichnamigen Automanager und führte Krieg als härteste Form von Mobilität.

Die Grünen, die dies von 1998 bis 2005 mitzuverantworten hatten, waren – man glaubt es kaum – tatsächlich einmal eine autokritische Partei gewesen. So forderten sie 1980 in ihrem Programm unter anderem:

- Reduzierung des Verkehrs auf wirklich notwendige Wegstrecken, was nur durch eine andere Raumordnung und Infrastruktur erreicht werden kann.
- Förderung und optimale Nutzung des jeweils die Umwelt am wenigsten belastenden Verkehrsmittels.
- Absoluter Vorrang der Schiene vor der Straße, ob Straßenbahn, S-Bahn oder Bundesbahn.
- Haushaltstechnische Übertragbarkeit der Mittel für den Straßenverkehr auf Schienenprojekte.
- Bau neuer Trassen für die Bundesbahn und den regionalen Nahverkehr.
- In Wohngebieten ist der Kraftfahrzeugverkehr durch verkehrsfreie und verkehrsberuhigte Zonen möglichst einzuschränken. Eine Höchstgeschwindigkeit von 25 km/h ist dort einzuführen. Der Lkw-Durchgangsverkehr durch Wohngebiete ist grundsätzlich zu verbieten.
- Der zulässige, maximale Benzinverbrauch ist zu begrenzen und stufenweise zu senken. Der Einbau von Filteranlagen sowie eine Motorkapselung zur Lärmsenkung sind vorzuschreiben.
- Straßenbaumaßnahmen sind im Wesentlichen auf die notwendige Erhaltung und Abrundung des bestehenden Stra-

ßennetzes zu begrenzen. Der Bau neuer Autobahnen und Schnellstraßen wird eingestellt.

- Ausbau eines dichten Netzes unbehinderter Straßenbahnen, anstelle kostspieliger U-Bahnen mit großmaschigen Netzen und wenig Haltestellen.
- Förderung des Fahrradverkehrs durch ein dichteres, wesentlich verbessertes Radwegenetz. Ebenso muss Fahrrädern derselbe Verkehrsraum wie Kraftfahrzeugen eingeräumt werden, das heißt, sie dürfen nebeneinander fahren.
- Keine weiteren Streckenstilllegungen bei Eisenbahnen, Offenhaltung der Möglichkeit, stillgelegte Strecken wieder in Betrieb zu nehmen.
- Geschwindigkeitsbegrenzung auf Autobahnen.[50]

Dies war damals ein durchaus diskutabler Ansatz, dem Motorisierungswahn gegenzusteuern. Doch heute müssen die Grünen mindestens hieran anknüpfen, wollen sie die Jugend gewinnen und das Klima wirklich retten. Dieter Drabiniok, damals der verkehrspolitische Sprecher der Grünen, vertrat 1985 gegenüber *Auto Motor Sport* sogar noch radikalere Positionen. Im Interview sagte er:»Wir wollen das Auto langfristig abschaffen.«[51] Er hatte dabei – realistischerweise – 25 bis 30 Jahre Übergangszeit im Blick.

Doch 20 Jahre später – die Grünen hatten ihren Marsch durch die Institutionen, durch Privatisierungen, Sozialabbau und Krieg abgeschlossen – klang das schon ganz anders. In einem *Green Car Paper* von 2005 machten sie sich Sorgen um die Zukunft des Autos und um den »Automobilstandort Deutschland«.[52] Sie wollten »Zukunftsmärkte gewinnen« für das Drogenkartell der deutschen Autohersteller, denn:»Vom Erfolg der Branche hängt ein wesentlicher Teil der wirtschaftlichen Gesamtlage in Deutschland ab.« Da schimmerte die Lüge von jedem siebten Arbeitsplatz durch, den diese Todesindustrie festige. Die Grünen glaubten sie endlich und wirkten nun »im Interesse des Automobilstandorts Deutschland«. Wer so viel Scheiße im Kopf hatte, wollte sie natürlich auch weltweit verteilen:»Mit Biomasse betriebene Fahrzeuge könnten daher gerade in den Schwellenländern und den Megacitys neue Marktanteile gewinnen.«Den 900 000 Fußgängern und Zweiradfahrern, die pro Jahr dort über den Haufen gefahren werden, dürfte es ziemlich egal sein, ob sie von mit Mist betriebenen Autos, Hybridfahrzeugen oder sündhaft teuren Brennstoffzellenwagen ins Jenseits befördert werden.

Tatsächlich aber waren die Grünen inzwischen so weit,»unsere« Form von Mobilität – unsinnig immer mehr, weiter und schneller durch die Gegend zu fahren – auf die Dritte Welt beziehungsweise die Schwellenländer zu übertragen, wo ihnen vor Jahren noch klar war, dass das Oktroyieren solcher westlicher Lebensweise katastrophal sein würde. Dass Biomassenanbau durch Raubbau und Landraub zu Hungersnöten und Klimakatastrophen führt, hatten sie offensichtlich vergessen oder verdrängt. Dass das Hybridfahrzeug vom Wirkungsgrad teilweise schlechter ist als ein Ottomotor, war wohl auch noch nicht zu ihnen durchgedrungen.

»Nur mit neuer umweltschonender Automobiltechnik erreichen wir eine zivilisierte Mobilität.« Der Mobilitätsbegriff, 1990 noch kritisch hinterfragt,[53] wird im *Green Car Concept* von 2007 als Fetisch behandelt, genauso wie von allen anderen Carieristen. Und ein paar Seiten weiter heißt es:»Grüne Autos sind für die deutschen Hersteller vor dem Hintergrund einer wachsenden weltweiten Automobilität Herausforderung und Chance zugleich.« Da soll das Wachstum nicht mehr gebremst, sondern bloß noch grün lackiert werden.

Nachdem die Grünen jahrelang aufs Wasserstoffauto warteten, waren sie 2007 endlich zum Elektromobil gewandert. Aber nicht über das Elektromobil Bahn, das über regenerative Energien emissionsfrei fahren könnte, dachten und denken sie nach, sondern über das Elektroauto. Bis 2030 sollen der Verbrennungsmotor abgeschafft und der MIV grün sein. Welch ein Irrsinn! Und 2019 mit Umfragewerten von 20 Prozent sind die grünen besserverdienenden Zweitwagenbesitzer immer noch für eine starke

Autoindustrie, setzen sich aber, um nicht ganz nackt dazustehen, für ein Tempolimit ein, das sie 1998 in der Regierung, angeblich noch zu schwach, nicht durchsetzen konnten. Während ihrer Regierungszeit von 1998 bis 2005 hatten sie nicht einen einzigen Antrag gestellt oder auch nur ein Konzept für den Fußgängerverkehr vorgelegt. Grüne Autos für die Megacitys zu basteln, macht ja auch mehr Spaß, als sich um die am meisten bedrohte Spezies zu kümmern: die Fußgängerin.

Im grünen Auto-Tunnel scheint ein kleines Kerzenlicht: Immerhin nimmt man die Worte »autofreie Innenstadt« wenigsten mal wieder in den Mund. Schon 1991 hatte ja der ADAC mit autofreien Innenstädten gerechnet und dazu Überlegungen angestellt, wie dies zu bewerkstelligen sei. Doch damals kamen die motorisierungswilligen und -süchtigen Brüder und Schwestern aus dem Osten angesaust, machten eine verkehrspolitisch überaus blutige Revolution, die circa 14 000 zusätzliche »Wendetote« auf Deutschlands Straßen kostete, und verhinderten so den »Autogau«, nicht bis vors Rathaus fahren zu dürfen.

Gleichwohl trauen sich die Grünen nun, fast 30 Jahre später, die autobefreite Innenstadt wieder in ein Konzeptpapier zu mogeln, ohne große Publicity, sodass Frau, kommt sie mal wieder in die Regierung, sagen kann: »Wir hatten nur 20 Prozent und konnten uns damit und dem Tempolimit leider wieder nicht durchsetzen. Und 5 Mark oder heute 2,50 Euro für Benzin zu fordern, hat uns damals das Genick gebrochen.« Was im Übrigen auf den Straßen immer mehr Radfahrern passiert. In puncto Rad sind die Grünen immerhin hellhörig geworden und propagieren es inzwischen wieder aktiv als Ansatzpunkt, auch seitens der Habecks und Baerbocks. Und Habeck schimpfte immerhin kürzlich über die Elektro-SUV-Politik des Kartells, das doch lieber kleine E-Autos bauen solle.[54] Doch auch da muss frischer Wind von der Basis und den Jungen kommen – sie sollten nicht nur in die Pedale, sondern auch in die Hintern ihrer Führung treten.

Lichtblicke

Tatsächlich gibt es autokritische Organisationen, mit denen sich etwas ausrichten lässt. Einst entstand der Verkehrsclub Deutschland (VCD) als alternativer Club der Grünen. Er macht auch heute ab und an noch brauchbare Vorschläge, hat sich aber der Privatisierung und Zerschlagung der Bahn verschrieben und dem pseudogrünen Automobilismus gefügt. Ähnliches gilt für Institute wie das Institut für Energie- und Umweltforschung Heidelberg (IFEU) und das Öko-Institut in Freiburg, die teils von der Autoindustrie leben, früher recht kritisch waren, sich aber angepasst haben, und schon vor 10 Jahren zum Beispiel die Abwrackprämie lobhudelten und heute Elektro-Kfz als Massenlösung propagieren. Auch das Wuppertal Institut für Klima, Umwelt, Energie, wie diverse Verkehrsplaner und Forscher, die das Kfz kritisch sehen, würden gern dürfen wollen, wenn man sie sich trauen lassen würde. Das gilt auch für ein Planungsbüro wie Topp, das in Frankfurt unter anderem eine Ringstraßenbahn vorschlug.

Neu entstandene Verkehrswende-Organisationen wie Agora bieten zwar teils diskutable Vorschläge, kaprizieren sich aber hauptsächlich auf technische Scheinlösungen: Dekarbonisierung, das heißt weg vom Kohlenstoff beziehungsweise Öl, und das Elektroauto. Alles andere, wie die Einschränkung des motorisierten Individualverkehrs und das Pushen des öffentlichen Verkehrs kommen als Anhängsel, Kapital und Kartell und das Hamsterrad spielen gar keine Rolle. Was wir aber brauchen ist die De-Car-isierung oder auf Deutsch, die De-Karre-sierung!

Fast uneingeschränkt positiv agieren der Allgemeine Deutsche Fahrrad-Club (ADFC), das Umwelt- und Prognose-Institut (UPI), Ö-Quadrat, autofrei und autofrei leben, Teile des VCD, Bahn für Alle, ein Zusammenschluss, der jedes Jahr in einem alternativen Geschäftsbericht die Missstände der DB anprangert und konkrete Lösungsvorschläge unterbreitet, der Fachverband Fußverkehr Deutschland (FUSS e. V.), der vor Jahren noch belächelt wurde,

inzwischen aber über Einfluss verfügt und regelmäßig die Auto-
kritiker auf einem Kongress (BUVKO) versammelt. Besonders aktiv und wirksam ist schließlich die Deutsche Umwelthilfe (DUH),
die wie die Umwelt selbst massiv durch das Drogenkartell bedroht ist und um ihre Gemeinnützigkeit kämpfen muss. Verlöre
sie diese, wie es schon Attac geschah oder nun Campact droht,
wäre dies ein großer Rückschlag auf dem Weg zur Verkehrsrevolution. Denn mit all den letztgenannten Organisationen wäre ein
autobefreiter Staat durchaus zu machen.

Die Verkehrsrevolution wird kommen. Wir schaffen die Vollbremsung, die uns das Leben retten und uns unsere Freiheit, die
der Bewegung, wiedergibt.

Fazit

Das Drogenkartell der Autokonzerne hat schon viele Krisen über-
standen und ist wie Phoenix aus der Asche immer mit noch mehr
Akkumulation, noch größerem Output auferstanden. Dies gelang ihm einerseits dadurch, dass in jeder Krise Scheinlösungen
angeboten wurden, die letztlich zu mehr Kfz-Verkehr führten.
Und es gelang dem Kartell andererseits dadurch, dass es durch-
regierte, wie Jürgen Resch es ausdrückte und somit Grenzwerte
und andere Beschränkungen verwässerte oder jahrzehntelang
hinauszögerte.

Unterstützt wurden diese Autokartelle und Autoregierungen
dabei vom ADAC, der Rechtsprechung, Provinzpolitikern, Stadt-
planern und Architekten ebenso wie von den korrumpierten Vertretern der Arbeiterklasse, den Betriebsräten und Gewerkschaften, von den Medien und, last but not least, von den einstmals
autokritischen Grünen. Bis zum Dieselgate waren die meisten
automobilkritischen Stimmen überhaupt verstummt oder kaum
zu hören. Wenige Lichtblicke gingen im Blendwerk der von der
Maßlosigkeit des Kapitals getriebenen Bewegungsfetischisten
unter. Doch das System zeigt Zeichen der Erosion.

5 Die Megaautokrise – unsere Chance

»Der Staat vertritt die Interessen der Automobilindustrie und verhält sich wie ein Verbrecher.«

(Jürgen Resch, Leiter der DUH, 2018)

Dieselgate

Im Jahr 2015 deckte der ICCT (International Council on Clean Transportation) und die US-Umweltbehörde (EPA) einen der größten Skandale in der nicht gerade skandalarmen Autogeschichte auf. Dessen Größe kam aber erst in den folgenden Jahren ans Licht der Öffentlichkeit. Denn nicht nur der im Januar 2019 größte Autokonzern der Erde, Volkswagen, arbeitete bei seinen Dieselfahrzeugen mit Betrugssoftware, sondern faktisch die gesamte deutsche und internationale Branche war am Massenbetrug beteiligt. »Praktisch alle untersuchten Diesel-Pkw deutscher, europäischer wie amerikanischer und asiatischer Hersteller verkaufen Schmutz-Diesel.«[1] Und das wohl nach wie vor.

2006 stellte eine Untersuchung des Bundesumweltamtes (UBA) fest, dass VW wohl eine illegale Abschalteinrichtung benutzte. Überschreitung des Grenzwerts durch das geprüfte Fahrzeug: 100 Prozent.

2007 wies auch die Deutsche Umwelthilfe (DUH) in einer Pressekonferenz auf die Abweichungen zwischen Prüfstand und den Messungen hin. Nichts passierte.

2008 stellte das UBA erneut durch Messungen große Abweichungen von Dieseln bei den Stickoxid-Grenzwerten fest. Man verhandelte mit dem VDA unter Matthias Wissmann und mit VW. Die lehnten den Einbau eines Katalysators (SCR-Kat) als nicht sinnvoll ab. Preis pro Fahrzeug damals: 500 bis 1 000 Euro. Diese Peanuts hätten die Profite des Kartells offensichtlich geschmälert.

2009 wurden die Abgasmessungen am »Endrohr«, also Auspuff, von Neuwagen auf Drängen des Kartells abgeschafft und »On-board Diagnostic« (OBD) des Kartells selbst allein als Prüfung zugelassen. Warnungen der DUH, dass 2005 Daimler in Kalifornien wegen solcher Messungen des Betrugs an 1,5 Millionen Fahrzeugen überführt worden war und 94 Millionen Dollar Strafe zahlen musste, blieben unbeachtet. Der VDA lieferte der Regierung sogar das Argument, OBD sei genauer. Verkehrsminister Wolfgang Tiefensee von der SPD, lehnte ein Gespräch mit der DUH ab: Er habe keine Zeit. Das UBA untersuchte erneut Diesel, und zwar der Marken Daimler, Audi, Opel, Toyota und VW. Alle überschritten die NO_x-Grenzwerte bis zu 300 Prozent.

2010 hatte auch der neue Verkehrsminister Peter Ramsauer keine Zeit für die DUH und verwies auf seinen Staatssekretär Andreas Scheuer. Den forderte die DUH auf, die Tests am Endrohr wieder einzuführen, doch das Gespräch blieb ergebnislos. Schon 2007 begann VW die Betrugskampagne Clean-Diesel in den USA. Angela Merkel, die noch härter – so Resch von der DUH – als der Autokanzler Gerhard Schröder die Interessen des Kartells vertrat, traf sich 2010 mit dem damaligen Gouverneur Arnold Schwarzenegger in Kalifornien: Bei einem gemeinsamen Frühstück machte sie sich zur Stimme ihrer Herren, der Drogenbarone von VW, Daimler, Porsche und BMW, und schmierte der kalifornischen Umweltministerin Mary Nichols aufs Brötchen: »Eure NO_x-Grenzwerte sind zu strikt.« Hasta la vista, Baby!

2011 stellte die DUH fest, dass der VW-Motor EA189 die Grenzwerte auf der Straße sprengt und sie auf dem Prüfstand einhält. Die Regierung und die verantwortlichen Politiker zeigten kein Interesse und schlossen mit dem Kartell einen Deal, ein »Mutti-Agreement«: Wenn ihr auf dem Prüfstand sauber seid, dürft ihr auf der Straße die Luft verpesten. 13 000 Menschen sterben dadurch pro Jahr vorzeitig, fast viermal so viele wie durch Straßenverkehrsunfälle in Deutschland. Das ist das Ergebnis, wie Misereor dies ausdrückt, der »kriminellen Machenschaften der deutschen Autoindustrie«.[2]

Zwischen März 2014 und September 2015, kurz vor dem Platzen der Diesel-Autobombe, trafen sich die Spitzenvertreterinnen und -vertreter der Bundesregierung neunmal persönlich mit Wissmann und dem damaligen VW-Chef Martin Winterkorn.[3]

2015, einen Tag, nachdem die Deutsche Umwelthilfe Kanzlerin Angela Merkel Versagen bei der Kontrolle der deutschen Autokonzerne vorgeworfen hatte, wies die kalifornische Umweltbehörde Audi und Volkswagen Betrug in 482 000 Fällen nach und kündigte wegen bis zu 40-facher Überschreitung der Dieselabgas-Grenzwerte Strafzahlungen in Höhe von bis zu 18 Milliarden US Dollar an.[4] Der ICCT hatte alles aufgedeckt, VW gestand den Betrug ein. Die anderen Konzerne wussten von nichts. Die deutsche Bundesregierung schätzte das Ganze als »gesamtwirtschaftlich relevant ein« und schützte das Kartell weiter. Der Betrug sei nicht symptomatisch für die deutsche Autoindustrie und auch nicht für den VW-Konzern, der jetzt locker die 18 Milliarden in den USA hinblätterte. Verkehrsminister Alexander Dobrindt von der CSU, der neue selbsternannte konservative Revolutionär – so bezeichnete man die Wegbereiter des deutschen Faschismus, zum Beispiel Ernst Jünger und Carl Schmitt –, verhielt sich auch konservativ gegenüber dem Kfz-Terror und unternahm nichts dagegen. Oder etwa doch? Er verabredete revolutionär ein Software-Update von 60 Euro pro Fahrzeug mit dem Kartell und wurde von der »lieben Angela« zum Chefaufklärer beziehungsweise zum »Schutzpatron der deutschen Autoindustrie«[5] ernannt. Den Bock zum Gärtner zu machen hat Tradition in Deutschland. Kurz danach maß die Zeitschrift *Auto Motor Sport* und stellte beim VW-Modell Amarok eine Überschreitung der NO_x-Werte von 400 Prozent fest.

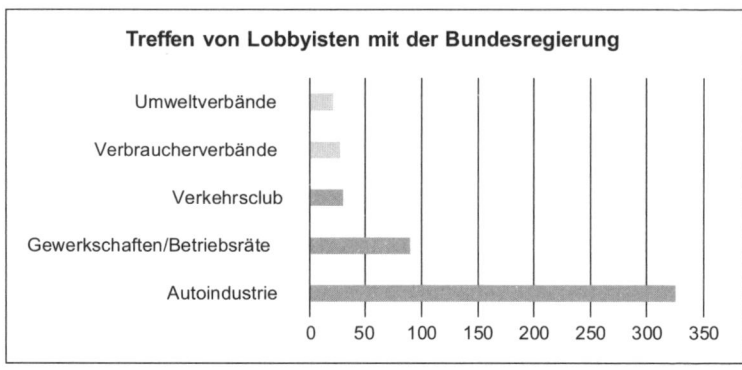

Abbildung 13: Treffen zum Thema Mobilität mit Spitzenvertretern der Bundesregierung von Mai 2015 bis Mai 2017, Quelle: Lobbycontrol.[6]

Im April 2016 veröffentlichte Dobrindt nach monatelanger Verzögerung einzelne NO_x-Abgasmessungen im Rahmen der sogenannten »Untersuchungskommission Volkswagen«.[7] Mit »vier Vertretern aus dem Verkehrsministerium – drei aus dem Kraftfahrt-Bundesamt und einem Professor, der früher für die Autoindustrie gearbeitet hat – fehlte dieser allerdings ganz offensichtlich die notwendige Unabhängigkeit gegenüber Bundesregierung und Autoindustrie«.[8] Kritische Passagen aus dem Untersuchungsbericht wurden vom Verkehrsministerium und dem Kraftfahrt-Bundesamt (KBA), einer drogenkartellhörigen Behörde des Ministeriums, gestrichen. Das KBA stellte sich ohne Skrupel »auf die Seite der Autobauer: Als der damalige Opel-Lobbyist Koschnicke sich über die Bewertung seiner Modelle beschwerte, gab ihm KBA-Chef Ekhard Zinke kurzerhand recht und ordnete die Streichung der entsprechenden Abschnitte an. Um keinen Zweifel an seiner Einstellung zu lassen, unterzeichnete er die E-Mail an seine Beamt*innen mit ›industriefreundlichem Gruß‹.«[9] Wenige Monate später machte Merkel Joachim Koschnicke zu ihrem Wahlkampfmanager.

Doch auch diese Kommission der Befangenen konnte die Aussage der DUH vom September 2015 nicht ignorieren, dass eben nicht nur VW, sondern nahezu alle Hersteller Abschalteinrichtungen verwandten:[10] Von 53 untersuchten Dieselmodellen erwiesen sich nur drei als »sauber«. Die Überschreitungen gingen bis zu 1 800 Prozent. Dobrindt wusste sofort eine Lösung: Die Ausnahme, nach der die Abgasreinigung abgeschaltet werden durfte, sollte der Motor in Gefahr geraten, Schaden zu nehmen, ließ er zur Regel machen.[11] Der menschenfeindliche, ja tödliche Betrug wurde kollektiv und in aller Öffentlichkeit sanktioniert. An Rücktritt wurde nicht der geringste Gedanke verschwendet, auch die Staatsanwaltschaft griff noch nicht ein. Und die DUH begann ihren Kampf für Dieselfahrverbote.

Was ich 2010 erstmals als Drogenkartell bezeichnet hatte, entpuppte sich im Kern als echtes Autokartell. Als deutsches Autokartell von VW, Audi, Porsche, Daimler,[12] denn laut *Spiegel* 2017 gab es »mehr als zwei Jahrzehnte lang geheime, bis ins Detail durchorganisierte Treffen aller deutschen Autokonzerne« bei »denen offensichtlich unter anderem die gemeinsame Diesel-Strategie – in den USA unter dem Label ›Clean Diesel‹ vermarktet – abgesprochen wurde«.[13] Die Treffen fanden zu einer Zeit statt, als die Manipulationen bei den Dieselmotoren begannen. Auch bei Daimler und Porsche gab es Manipulationen. Also »spricht sehr viel dafür, dass die Betrugssoftware bei Dieselmotoren ein wesentliches Element der Kartellabsprachen war«.[14]

Die schärferen EU-Grenzwerte für Stickoxide galten für das Kartell, das immer mehr auf profitable SUVs und PS-starke, immer breitere und schwerere Wagen setzte und in diesem hochprofitablen Segment 80 Prozent des Weltmarkts beherrscht,[15] offensichtlich als schwer zu überwindendes Hindernis. So hatte man sich für eine einfachere Lösung entschieden, den Betrug.

Spätestens 2000 hatte sich das deutsche Pkw-Kartell geeinigt, nur kleine AdBlue-Tanks zu verwenden – AdBlue ist ein Wasser-Harnstoffgemisch zur Abgasreinigung bei Dieselfahrzeugen. Doch diese Minitanks sind dafür kaum geeignet, denn nach circa 5 000 bis 6 000 km hätten sie eigentlich leer sein müssen – reichten aber merkwürdigerweise über die geforderten 30 000 km. Das war nur mithilfe einer Software möglich, welche die Reinigung im Straßenbetrieb weitgehend abschaltet, sie auf dem Prüfstand allerdings bestens funktionieren ließ. Medial wurde hauptsächlich VW dafür an den Pranger gestellt, während eigentlich klar war, »dass so gut wie alle Autohersteller mit Diesel-Pkw im Programm mit vergleichbaren – die menschliche Gesundheit gefährdenden – Tricks arbeiteten«.[16]

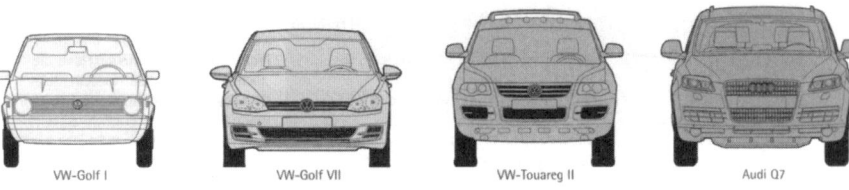

Abbildung 14: Quelle: *Lunapark21* 32, 2015/16.

Es gibt hier »konkrete Ansatzpunkte für *organisierte* Kriminalität«.[17] DUH-Bundesgeschäftsführer Jürgen Resch stimmt zu: »Der Diesel-Abgasskandal zeigt Züge einer ›organisierten Kriminalität‹. Seit 20 Jahren treffen sich laut Selbstanzeige von Daimler und VW die Unternehmen in Hotel-Hinterzimmern und verabreden die Verwendung minderwertiger Abgasreinigungstechnik.«[18] Resch: »Die Autokonzernbosse betreiben vorsätzliche Körperverletzung mit Todesfolge in vielen tausend Fällen, und die Bundesregierung hilft ihnen auch noch dabei, obwohl sie nach EU-Recht verpflichtet wäre, einzuschreiten.«[19] Und nichts geschah regierungsseitig. Kinder, Alte und Kranke wurden millionenfach weiter in ihrer körperlichen Unversehrtheit, ja zehntausendfach mit dem Tode bedroht. Was ist dagegen der Attentäter vom Weihnachtsmarkt in Berlin, könnte man sich fragen.

Sie wussten, was sie taten: Ein elfseitiges Dokument von Audi aus dem Jahr 2013 weist in einer »Risikoeinschätzung« darauf hin, dass es sich beim »Code zur Manipulation der Dieselmotoren« um »illegale Betrugssoftware« handle, »die im Fall der Aufdeckung massive juristische und finanzielle Konsequenzen nach sich ziehen würde«.[20] Im Herbst 2018 wurde bekannt, dass Audi sogar Fahrgestellnummern gefälscht hatte, um Dieseldreckschleudern nach Südkorea exportieren zu können.[21] Inzwischen kann es sogar hochrangigen Automanagern passieren, dass sie wenigstens eine Zeit lang mit einem speziellen Gitter-Katalysator gesiebte Luft atmen, nämlich im Gefängnis landen, wie 2018 Audi-Boss Rupert Stadler in Deutschland. In den USA sitzt eine niedrigere VW-Manager-Charge namens Oliver Schmidt für sieben Jahre in Haft.[22] Und der VW-Ex-Chef Martin Winterkorn, der von all dem nichts gewusst haben will, darf sich dort nicht mehr blicken lassen, denn gegen ihn wurde Anklage wegen Verschwörung inklusive Haftbefehl erlassen. Im April 2019 wurde er auch in Deutschland wegen schweren Betrugs von der Staatsanwaltschaft angeklagt.

Gleichzeitig wurden nach der Aufdeckung von Dieselgate die Dreckschleudermodelle, die das Kartell nicht mehr in den USA verkaufen konnte, nach Osteuropa umgeleitet, unter anderem nach Russland. Und auch bei uns dürfen die Diesel-Kfz immer noch fahren. Als seien unsere Lungen robuster, ist hier nach wie vor viel zu viel Dreck erlaubt. Insgesamt waren über 10 Millionen Pkw vom Betrug betroffen,[23] besonders in Europa, weil hier der Diesel am weitesten verbreitet ist und sich das deutsche Kartell Extraprofite versprach. Die letalen Folgen: »Rund 38 000 Menschen sind einer Hochrechnung zufolge wegen nicht eingehaltener Abgasgrenzwerte bei Dieselfahrzeugen allein im Jahr 2015 vorzeitig verstorben, 11 400 von ihnen in Ländern der EU.«[24] In der dazugehörigen Studie heißt es: »Im Straßenverkehr eingesetzte Dieselfahrzeuge erzeugen etwa 20 Prozent der weltweiten anthropogenen Emissionen von Stickoxiden (NO_x), den wichtigsten PM2.5- und Ozonvorläufern.«[25]

Während also in den USA Fahrzeuge umgetauscht werden mussten, die US-Besitzer deutscher Dreckschleudern Kohle in

Form von Dollars bekamen und Sammelklagen erfolgreich waren, haben Dieselautobesitzer in diesem unserem Land die Arschkarte gezogen. Statt aber gegen das Drogenkartell gemeinsam vorzugehen – es gibt Einzelne, die es trotz des hinderlichen deutschen Rechts versuchen, und über 400 000 Menschen, die sich ins Register für Sammelklagen eingetragen haben –, taten sich einige Dieselkutscher zusammen, um die Falschen anzuklagen und gegen Dieselfahrverbote wie in Stuttgart zu protestieren – was zum Glück bald verebbte. Was nicht verebbt, ist der gigantische Vertrauensschwund in die »deutsche Ingenieurskunst«, ist der moralische Verfall des Drogenkartells.

Da halfen auch »Feinstaub-Andi« und seine Pinocchio-Lungenarzttruppe nicht mehr weiter, obwohl ihr Anführer Dr. Dieter Köhler durch fast alle Talkshows und Medien geschleppt wurde. Dabei zog er sich rechenschwach selbst durch den Kakao – oder genauer Feinstaub – und drohte an seinen Oxidmärchen zu ersticken. Und wackere Satiresendungen wie *Die Anstalt* im ZDF widerlegten[26] – im Gegensatz zum »Scheinkabarettisten« (so Oliver Maria Schmitt) Dieter Nuhr – den ganzen Budenzauber vom unschädlichen Diesel und der blitzsauberen Autoindustrie.

Dieselgate hat »die Autowelt auf den Kopf gestellt«.[27] Und nicht nur die jungen Menschen sind es leid, ständig betrogen und vertröstet zu werden.

Feinstaubgate

»Zudem taugt der Katalysator längst nicht mehr als Beruhigungsmittel, da die offiziellen Angaben zur Reduktion der Abgasschadstoffe sich meist nur auf Idealläufe auf dem Prüfstand beziehen. Tatsächlich wirkt der Katalysator bei Kurzfahrten (die anteilig zu den häufigsten zählen) überhaupt nicht oder nur beschränkt, weil er noch nicht warm ist. Das gilt ebenso für Hochgeschwindigkeitsfahrten (vor allem auf deutschen Autobahnen). Misst man dann wirklich mit Messstationen, dann stellt man fest, dass die Verschmutzung viel höher ist als geschätzt.«[28] Das schrieb ich bereits 2010. Inzwischen wissen wir, dass auf allen Ebenen der Messungen am Fahrzeug großflächig realitätsfern – aber staatlich sehenden Auges geduldet – gemessen und betrogen wurde.

Die DUH stellt fest:»Allein in Deutschland sterben nach Schätzungen der Europäischen Umweltagentur (EEA) jährlich circa 66 080 Menschen, in der EU insgesamt 428 000 Menschen vorzeitig an den Folgen der Feinstaubbelastung. Zudem beschleunigen unsere Dieselruß-Emissionen den Klimawandel, da sie von den Luftströmungen der Nordhalbkugel insbesondere in die Arktis und auf die Gletscher der Hochgebirge getragen werden und dort eine beschleunigte Eisschmelze verursachen.«[29] Im September 2016 fordert die DUH wirksame Rußpartikelfilter auch für alle Benzin-Direkteinspritzer und kündigt eigene Tests an.»Zehn Jahre nach der flächendeckenden Durchsetzung des Dieselruß-Partikelfilters belasten fast alle Benzin-Direkteinspritzer die Atemluft mit krebserregenden Feinstpartikeln, weil sie ohne Partikelfilter unterwegs sind. Gleichzeitig kämpft die Automobilindustrie in Brüssel für eine Abschwächung der Prüfbedingungen für reale Messungen (RDE) auf der Straße. Im Frühjahr 2017 veröffentlichte die DUH Feinstaub-Emissionen eines modernen Euro-6-Smart mit Benzin-Motor, die 440-mal höher liegen als der Grenzwert für Diesel-Pkw. Daimler nutzt eine Regelungslücke für Nicht-Direkteinspritzer-Benzinmotoren aus. Die Einsparung pro Fahrzeug beziffert die DUH auf wenige Dutzend Euro.«[30]

Trotz der durch die Euro-Normen – erstmalig mit Euro 4 – erzwungenen Feinstaubpartikelfilter aller Dieselfahrzeuge sorgen ihre NO_x-Emissionen dafür, dass der sehr kleine Feinstaub PM 2,5 und Ozon entstehen. Der Rückgang der Grenzwertüberschreitungen der Feinstaubemissionen in Deutschland und Europa hängt auch damit zusammen, dass diese Grenzwerte in der EU niedriger gesetzt werden als die Richtwerte in der WHO.

	Richtwerte WHO	Grenzwerte EU 20	Richtwerte WHO	Grenzwerte EU 20
	PM 10 µg/m³	PM 10 µg/m³	PM 2,5 µg/m³	PM 2,5 µg/m³
Jahres-mittel	20 µg/m³	40 µg/m³	10 µg/m³	25 µg/m³
Tages-mittel	50 µg/m³ (keine Über-schreitung möglich)	50 µg/m³ (35 Über-schreitun-gen erlaubt)	25 µg/m³ (keine Über-schreitung möglich)	./.

Richtwerte der WHO und Grenzwert der EU für die Feinstaubbelastung.

Würden die WHO-Richtwerte in der EU als Grenzwert angewendet, hätten 87 Prozent aller Messstationen 2016 in Deutschland die PM-10-Latte gerissen, denn es sind bei der WHO mit 25 µg/m³ keine Überschreitungen erlaubt, bei der EU jedoch 35.

Grenzwerte zeigen grundsätzlich keine Grenzen auf, unter denen Feinstaub oder andere giftige Emittenten nicht gesundheitsschädlich sind – vielmehr ist jegliche Emission dieser Gifte gesundheitsschädlich. Es ist ein meist fauler Kompromiss zwischen den Profitinteressen des Drogenkartells und dem Gebot des Schutzes des Lebens, den die Regierungen und EU-Kommissionen eigentlich zu bewerkstelligen hätten, dem sie aber meist nicht nachkommen. Im Gegenteil: Deutsche Gerichte werden zum Teil regierungsamtlich betrogen und belogen oder deren Forderungen nicht umgesetzt, beispielsweise von der bayerischen Staatsregierung in München, sodass der bayerische Verwaltungsgerichtshof den Rechtsstaat in Gefahr sieht.[31]

Die gesundheitsschädlichen Überschreitungen in Westeuropa, Skandinavien und einigen Städten Kanadas und Australiens scheinen allerdings geradezu Peanuts gegenüber den globalen Verhältnissen. Weltweit sieht es nach wie vor katastrophal aus, vor allen in den Hauptexportländern des deutschen Autokartells in Asien: Insbesondere die Menschen in den Metropolen Chinas, aber auch Indiens und der Vereinigten Arabischen Emirate, sowie Pakistan und Afghanistan leben in der Feinstaubhölle, wozu der Kfz-Verkehr wesentlich beiträgt. Das Premiumsegment des deutschen Autokartells mit unter anderem seinen SUVs wird von ihm zu 80 Prozent beherrscht und schürt die globale Verkehrsfeinstaubbelastung kräftig an. Auch der Nahe Osten und die Türkei, in denen deutsche Kfz ebenfalls beliebt sind, abgemildert die osteuropäischen Länder und der Balkan, sowie Metropolen in Chile und Mexico, atmen »German Feinstaub« PM 10 und PM 2,5 ein.

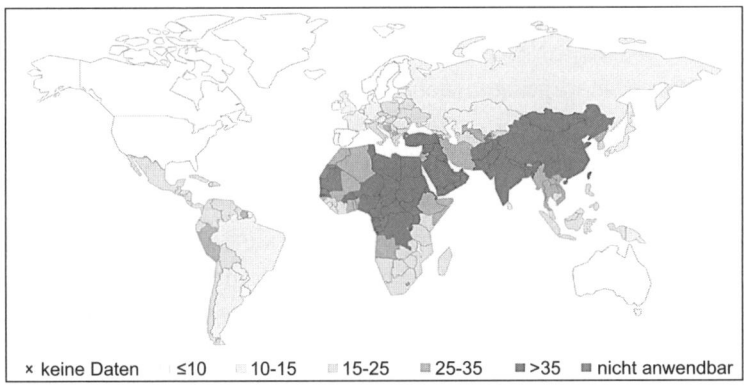

x keine Daten   ≤10   10-15   15-25   25-35   >35   nicht anwendbar

Abbildung 15: Urbane Feinstaubbelastung und Grenzwerte (PM 2,5); Angaben in μg/m³ Luft, 2016. Quelle: WHO Global Urban Ambient Air Pollution Database 2016.[32]

Das darf gleichzeitig nicht darüber hinwegtäuschen: Weltweit liegen die Feinstaubwerte in *fast allen* Ballungsgebieten der Erde – wesentlich beeinflusst durch den Verkehr – über den Richtwerten der WHO. Die Luft, die wir atmen, ist nach wie vor schlecht, auch in Deutschland und der EU. Sie ist global zum Schneiden. Und wie gesagt, weltweit sterben 4,2 Millionen Menschen im Jahr an Luftverschmutzung – der Anteil des Verkehrs daran ist beträchtlich.

Klimagate

Der Anteil des Verkehrs an der Klimakatastrophe ist von allen Sektoren der einzige, der gestiegen ist, und beträgt in der EU derzeit insgesamt 28 Prozent, der des Straßenverkehrs 20 Prozent. Zählt man die indirekten Emissionen des MIV hinzu, kommt man in Deutschland sogar auf 29 Prozent. Das Kfz ist also wesentlich dafür verantwortlich, dass die jüngere und kommende Generation ihr blaues Wunder erleben wird. Dazu Misereor und Brot für die Welt:

»Schon heute gefährden Dürren, Trockenheit und Überschwemmungen in Folge des Klimawandels das Leben und die Ernährungssicherheit zahlreicher Menschen. Die für die Wasserversorgung in vielen Gegenden elementaren Gletscher in Alpen, Anden oder Himalaya schmelzen rasant ab. Allein in Asien sind rund 2 Milliarden Menschen von der Wasserversorgung durch die rund 10 000 Gletscher im Himalaya abhängig. Gleichzeitig bedroht der steigende Meeresspiegel viele Regionen der Welt. Besonders gravierend sind die Auswirkungen für Inselstaaten wie Tuvalu. Aber auch für Millionenstädte wie Hongkong, Manila, Mumbai, Jakarta, Buenos Aires oder New York wäre der Anstieg des Meeresspiegels bereits bei einer weltweiten Erwärmung von 2 Grad Celsius ein großes Problem.«[33]

In Westeuropa ist für 2019 nach 2018 die nächste Sommerdürre vorhergesagt. Es kann aber für den europäischen Kontinent auch ganz anders, aber nicht unbedingt besser kommen: Schneiden die kalten Wassermassen, die auf die Schmelze im Norden folgen den warmen Golfstrom ab, der von Amerika zu uns herüberkommt, erwartet uns eine kleine Eiszeit. Die Heizung im E-Auto läuft dann noch länger und entleert die Superakkus noch etwas schneller.

Der Anteil des Verkehrs am Klimagasausstoß wird weiter steigen und ist dann von Jahr zu Jahr mehr für diese Katastrophen verantwortlich. Was aber angesichts der ganzen Diesel- und Feinstaubskandale vergessen beziehungsweise medial kaum kommuniziert wird: Die Autohersteller belügen die Autofahrer in Europa und uns alle jeden Tag mit *jedem Pkw* und *jeder Angabe* über den Spritverbrauch und damit nicht nur beim Diesel und den Stickoxiden, sondern auch beim Feinstaub und beim CO_2-Ausstoß.

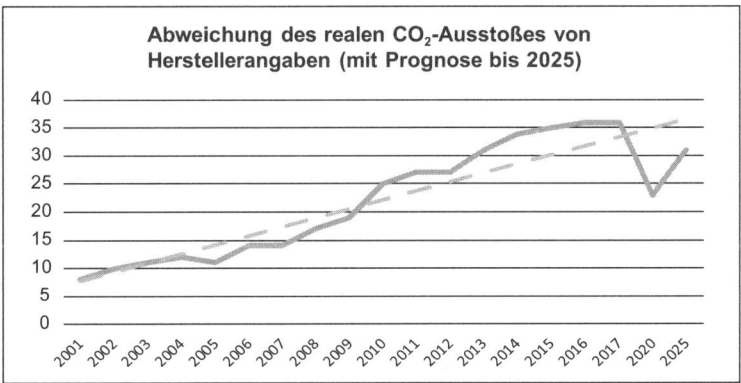

Abbildung 16: Ouelle: ICCT.

Die ICCT stellt für Europa – und vermutlich für den Rest der Welt außer den USA – fest: Die Verbrauchsangaben und damit die Klimaschädlichkeit der Fahrzeuge haben nichts mit der Realität zu tun – die Schere zwischen Angaben und Realität klafft desto weiter auseinander, je schärfer die Grenzwerte für CO_2 wurden. Die ICCT stützt sich dabei auf die Datenbasis von über 600 000 Fahrzeugen aus ganz Europa, insbesondere der deutschen Plattform *Spritmonitor.de*, wo jeder Carierist seinen realen Spritverbrauch eingeben kann.

Das bedeutet, dass 2017 der Spritverbrauch aller Pkw in Europa um 39 Prozent höher lag, als die Hersteller angaben – bei den Privat-Pkw um 36 Prozent, bei den Geschäftswagen sogar um 42 Prozent. Beim Hybrid geht diese Abweichung sogar auf die 50-Prozent-Marke und mehr zu. Damit entfallen im Durchschnitt auf jeden Carieristen 400 Euro Spritmehrkosten im Jahr. Der Höhepunkt dieser geschönten Herstellerangaben war 2015, als Dieselgate durch ICCT und DUH publik wurde – danach log das Kartell etwas weniger. Dabei muss immer mit bedacht werden: Ein höherer Spritverbrauch als offiziell eingestanden heißt auch, im gleichen Maß höhere CO2- (und andere, schädliche) Emissionen.[34]

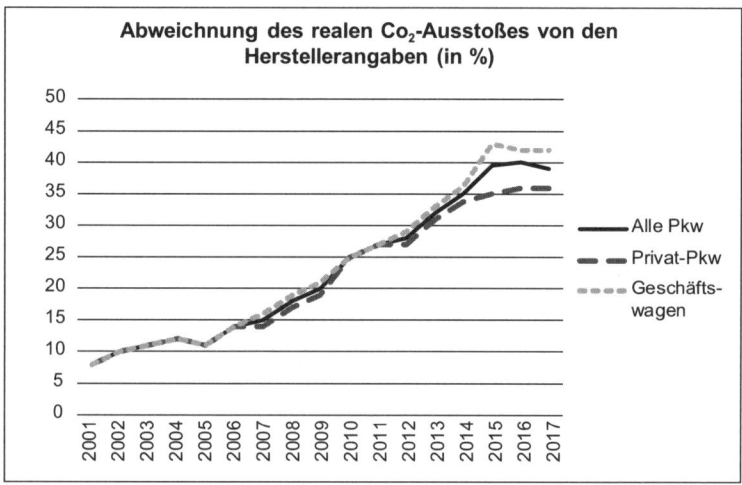

Abbildung 17: Quelle: ICCT.

Interessant ist, dass die Angaben bei Diesel-Pkw noch verlogener sind als bei Benzinern – mit einer Fälscherquote von 41 Prozent. Damit gibt es auch hier höhere CO_2-Emmissionen, obwohl der Diesel laut Bundeskanzlerin fürs Klima so gut sein soll. Das ist natürlich Quatsch: Bei Diesel-Pkw überwiegen die schweren Kfz mit sehr hohem Spritverbrauch. Und der ist übrigens bei SUVs meist 50 Prozent höher als angegeben – und SUVs sind der Zukunftsmarkt des deutschen Drogenkartells. Also tragen auch die Diesel-Stinker zur Klimakatastrophe bei, und sie verursachen darüber hinaus natürlich einen entsprechend höheren Reifen- und Bremsenabrieb, die Feinstaub für unsere Lungen und Mikroplastik als Beimengung für die Meere mit sich bringen.

Aufgrund von Dieselgate musste 2017 ein neues Laborverfahren namens Worldwide Harmonised Light Vehicles Test Procedures (WLTP) eingeführt werden, das nicht mehr so krass lügt wie die bisherigen Messungen nach dem Neuen Europäischen Fahrzyklus (NEFZ). Der ICCT vermutete 2015, dass damit die CO_2-Lüge sich auf 23 Prozent Plus reduziert, um dann 2025 wieder auf 32 Prozent anzusteigen. Der Trend, der in der Abbildung 16 gestrichelt dargestellt ist, geht also weiter nach oben.

Hinzu kommt, dass die Straßentests, die seit 2017 als Real Driving Emissions (RDE) erstmalig gemacht werden müssen, von den Drogenagenten der Politik mit einer »Thermofenster« genannten Hintertür ausgestattet wurden, die man besser als »Schmutzfenster« bezeichnen sollte. Das heißt, das Abgas wird auch hier nicht immer gereinigt. Außerdem dürfen die Grenzwerte um den Faktor 2,1, den sogenannten »Conformity Factor«, überschritten werden – das sind 110 Prozent![35] Ab 2020 beträgt dieser Faktor »nur« noch 1,5. Das heißt: Euro-6-d-Fahrzeuge mit diesen Überschreitungen gelten als »besonders sauber«. Schließlich betrug die Überschreitung zuvor 600 Prozent – wahrlich ein Fortschritt. Außerdem fehlen immer noch die Autobahntests bei hohen Geschwindigkeiten.

Summa summarum wird also nach wie vor gelogen, und das wieder mit steigender Tendenz. Betrug ist doch strafbar, wieso greift hier die Justiz nicht härter durch, verhaftet nicht mal die ganze Managergesellschaft des Drogenkartells?

Wie auch immer, der gemeine Carierist ist geschockt, wird weiter beschissen, zahlt benzin- und dieselmäßig drauf, kriegt kein Recht. Wir alle, auch die, die kein Auto besitzen oder selten Auto fahren, die Alten, die Kinder, die Kranken, die Stadtbewohner, sind erst recht die Gelackmeierten. Der Brass ist also groß. Autoexperte Stefan Bratzel klagte deshalb: »Die Menschen scheinen der Autoindustrie inzwischen fast alles zuzutrauen. Ein solches Ausmaß an Glaubwürdigkeitszerfall hätte ich nicht für möglich gehalten.«[36]

Das heißt, man kann von einer Krise nicht nur der Städte und der Urbanität weltweit sprechen, sondern von der Krise des Autokartells. Die Branche befindet sich »zumindest in Europa in einer tiefen Glaubwürdigkeitskrise«.[37]

Fazit

Das Autokartell und die Regierung betrügen uns bei den Kfz hinten und vorne. Dies betrifft auch die Carieristen und geht so weit, dass Gerichtsurteile nicht beachtet werden und Gerichte um den Rechtsstaat fürchten. Die Menschen trauen der Autoindustrie inzwischen alles zu. Es wird Zeit für Jim Knopf gegen die Wilde 13!

6 Scheinalternativen

»Nach den Gesetzen der Physik ist das emissionsfreie Bewegen großer Massen nicht möglich.«

(Klaus J. Beckmann, Helmut Holzapfel und Gerd Sammer)[1]

Fetisch 1: Elektroautos

»Fast jeden Tag kommt eine neue, mehr oder weniger euphorische Mitteilung über die Fortentwicklung des Elektroautos in der Presse und den Medien. Automobilfabriken und Zulieferindustrie, Batteriehersteller und Elektrizitätswerke, Politiker und Solarstromfans lancieren Erfolgsmeldungen.«[2] Das stand nicht gestern in der Zeitung, das schrieb Wolfgang Zängl 1992. Wir erleben jetzt den dritten Boom des E-Autos, nach der Frühzeit und nach den frühen 1990ern ist es wieder so weit:

Es scheint, als sei das Elektroauto die Lösung, als sei es das Perpetuum mobile der »Verkehrswende«. Das verkündet inzwischen – erneut – ein Chor aus Vertretern des Drogenkartells, der Drogenbarone und Drogendealer. Ob VW oder Geely, ob wissenschaftliche Vertreter der »Verkehrswende« wie Agora oder IFEU) ob CDU, SPD oder Grüne, oft auch die Linke, ob Medien oder Zukunftsforscher: Das E-Auto ist ihr Goldenes Kalb. Kaum einer begreift, dass es vielleicht nur dazu dient, die *moralische Krise* der Autoindustrie mit Diesel-, Feinstaub-, NO_x- und Klimagate – die Abermillionen Unfalltoten, Verwundeten und Verkrüppelten werden dabei einfach vergessen – umzuleiten in einen neuen Boom, wie es schon fünfmal zuvor geschah. Ein Boom, aus dem die Mächtigen der Welt, die Auto- und Energieindustrie, das herrschende Kapital nur Vorteile ziehen können und der Mensch, ob Arbeitnehmer oder Konsument, nur die Arschkarte. Doch schauen wir uns dieses Wunderwerk der Technik genauer an.

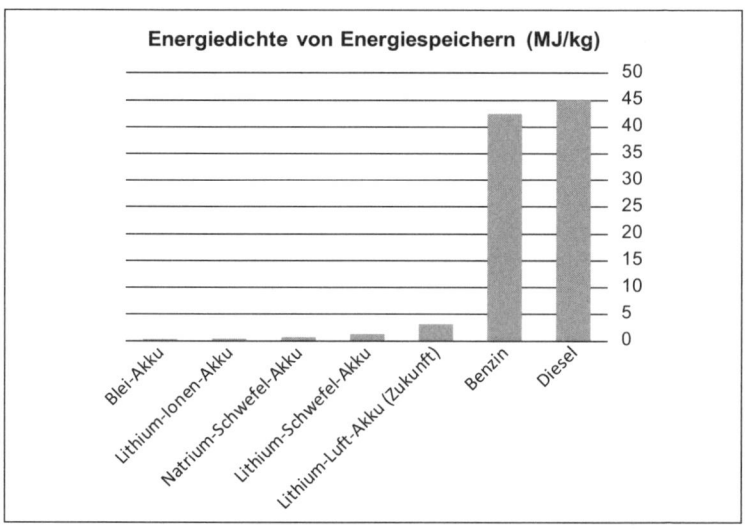

Abbildung 18: Quelle: UPI.

Dieses Wunderwerk hat viele Macken. Die größte ist die Batterie. Der derzeit gebräuchlichste Akku ist die Lithium-Ionen-Batterie, zum Beispiel beim E-Golf, Tesla S und viele anderen Modellen. Die E-Auto-Freunde des IFEU geben in ihrer neusten Studie für die Agora-Verkehrswende die derzeitige Energiedichte einer Lithium-Ionen-Batterie (NMC) mit 115 Wh/kg an,[3] das sind 0,414 MJ/kg. Diesel hat nach IFEU-Angaben 43 MJ/kg (nach Teufel, 45 MJ/kg), also sage und schreibe 104-Mal mehr!

In einer früheren Studie des IFEU vom gleichen Autor (Helms 2016)[4] ist die Energiedichte einer Lithium-Ionen-Batterie (Mix aus LFP, NCA und NMC) noch mit 81,6 Wh/kg (0,294 MJ/kg) angegeben. Das ergibt das 146-fache für den Diesel. Das IFEU ist für die künftige Entwicklung sehr optimistisch und prophezeit für 2030 eine Batterie mit der Energiedichte von 150 Wattstunden pro Kilogramm (0,54 MJ/kg). Das ergibt immer noch das 80-fache für den Diesel. Und der Lithium-Luft-Akku bleibt noch Zukunftsmusik, denn er liefert auch auf längere Sicht nur einen Bruchteil der Energiedichte von Benzin oder Diesel. Das ist sicher kein Plädoyer für den Verbrennungsmotor, es zeigt nur, um welche Relationen es geht.

Was bedeutet das? Das E-Auto muss viel mehr »Energie-Gepäck« mit sich herumschleppen und ist dadurch schwerer und weniger effizient. Zudem reicht die »Elektro-Tankfüllung« nicht sehr weit: 400 km wären momentan im Schnitt schon ein Wunder, vorausgesetzt die Klimaanlage bleibt ausgestellt; im Winter, wenn die Heizung mitläuft und das Licht an ist, sind es vielleicht gerade mal 200 km, so Autoexperte Ferdinand Dudenhöfer.[5] Anschließend muss das E-Mobil meist langwierig an einer der bisher wenigen Stromtankstellen aufgeladen werden. Der E-Golf, also das E-Auto für den unteren Mittelstand, hat laut ADAC eine Reichweite von 200 km – im Sommer, würde ich hinzufügen, aber wenn Heizung und Licht an sind, bedeutend weniger. Gegen Aufpreis gibt es übrigens eine Wärmepumpe, die etwas Strom spart. So meint der ADAC, dass der E-Golf noch weit von einer »praxistauglichen Reichweite« entfernt sei.[5] Das wissen die Autler natürlich, auch deswegen zögern sie, so ein Fahrzeug zu kaufen.

Apropos Rucksack: Der ökologische Rucksack, also das, was an Emissionen ausgestoßen wird, um das Fahrzeug herzustellen, ist bei Elektrofahrzeugen aufgrund der Batterien wesentlich höher als beim Diesel- oder Benziner-Kfz. Berücksichtigt man zudem die Primärenergie, die im Kraftwerk zur Stromherstellung aufgewendet wird, tritt Ernüchterung ein. Das heißt, den derzeitigen Strommix und die Herstellungsemissionen gerechnet, schneidet das E-Auto nicht viel besser ab als das Diesel- oder Benziner-Kfz. Klimarettung ade.

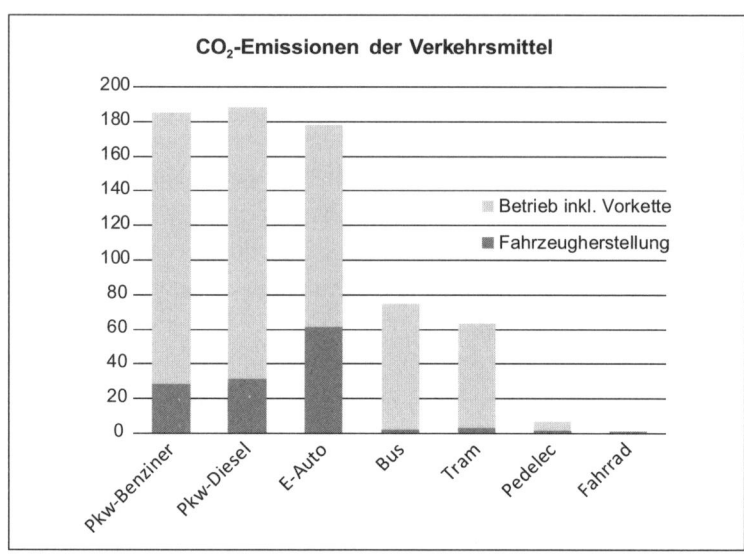

CO$_2$-Emissionen der Verkehrsmittel

Betrieb inkl. Vorkette
Fahrzeugherstellung

Pkw-Benziner   Pkw-Diesel   E-Auto   Bus   Tram   Pedelec   Fahrrad

Abbildung 19: Quelle: UPI 2017.

Damit sind wir noch lange nicht am Ende: Schwedische Forscherinnen haben für die Herstellung von Lithium-Ionen-Batterien ein Äquivalent von 150 bis 200 kg CO_2/kWh,[6] also 150 Kilogramm pro Kilowattstunde errechnet! Die beiden Wissenschaftlerinnen – im Übrigen Anhängerinnen von E-Autos – wurden mehrfach scharf angegriffen.[7] Daher lassen wir diese Untersuchungsergebnisse also erst einmal aus und wenden uns dem IFEU zu. Das IFEU, das in keiner Weise E-Auto-kritisch ist, zudem sehr viel für die Autoindustrie gearbeitet hat, also nicht völlig unabhängig ist, errechnete 2010 die Klimabilanz für unterschiedliche Pkw.

In dieser Rechnung, die für alle drei Antriebsarten den ökologischen Rucksack einbezieht, ist das E-Auto zwischen 8 und 17 Prozent weniger energieverschwendend als der Otto-Motor, aber 2,5 bis 11 Prozent verschwenderischer als ein Diesel. Die Rechnung stammt aus dem Jahr 2010 aber:»Die CO_2-Emission von Elektroautos ist seither nicht gesunken, sondern angestiegen.« Denn»der CO_2-Emissionsfaktor für den Strominlandsver-

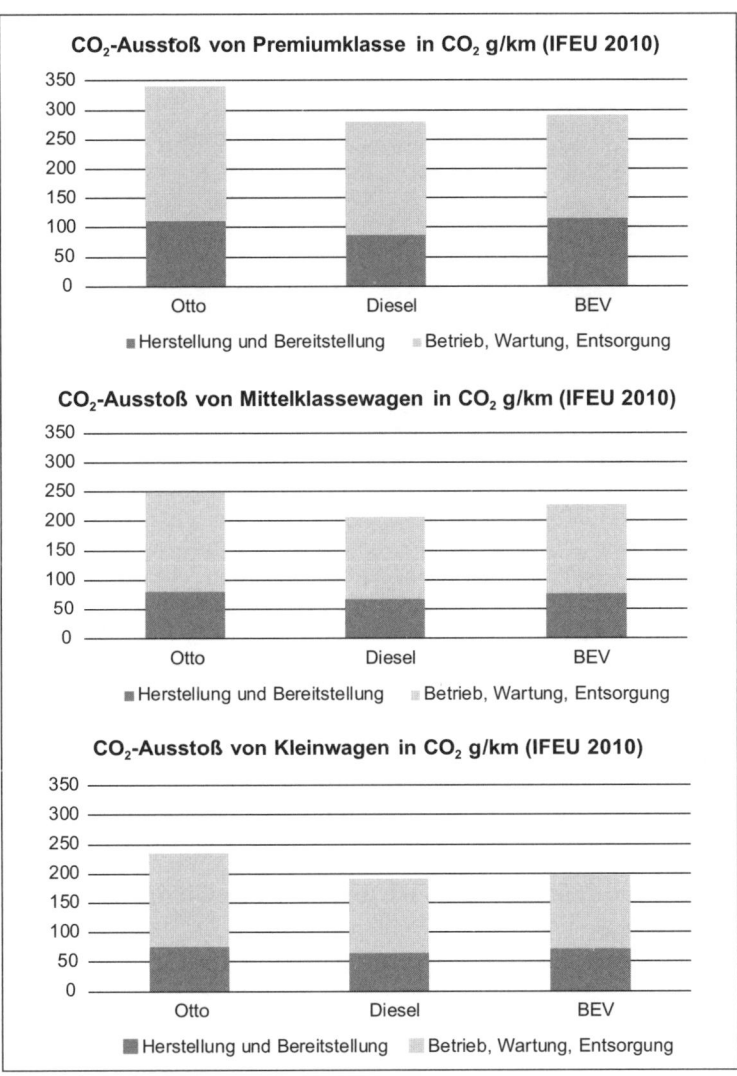

Abbildung 20: Spezifische CO_2-Emissionen nach Pkw-Größen (BEV = Battery Electric Vehicle).[8]

brauch im Jahr 2010 [hat] sein bisheriges Minimum erreicht und ist seither wieder angestiegen.«[9] Das zeigt auch die Abbildung zur Stromerzeugung in Deutschland deutlich:

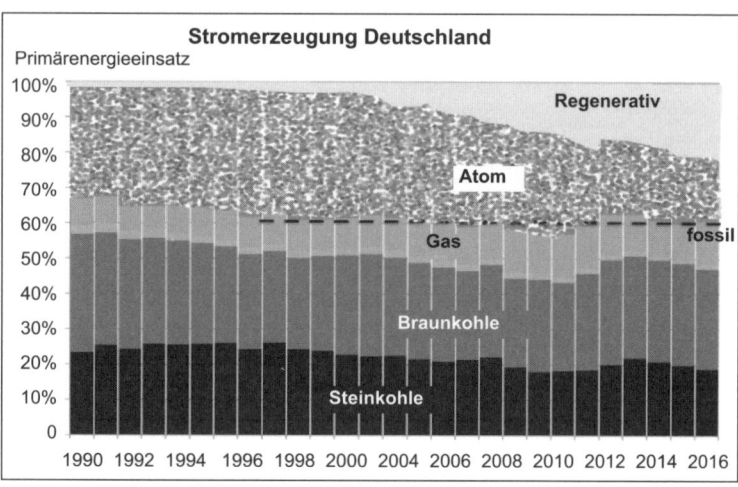

Abbildung 21: Quelle: UPI.

Man muss jetzt nun nicht gleich »im Auftrag von Daimler«, so Jürgen Resch, eine Werbestudie für den Diesel erstellen, wie es das IFO-Institut unter Hans-Werner Sinn im April 2019 tat,[10] wobei für den Diesel wie fürs Elektroauto der falsche NEFZ-Messwert genommen wurde. Immerhin hat Sinn mit weniger Aufwand als die beiden Schwedinnen Romare und Dallhöff für die Batterie gerechnet (145 g CO_2/kWh) und sich gegen die Angriffe in der *FAZ* verteidigt. Aber auch diese negative Studie fürs E-Auto lassen wir weg.

Wenden wir uns dem Bundesumweltministerium zu, das zu interessanten Ergebnissen kommt (Strommix 2018).[11]

Auch das günstigste E-Auto, der Hyundai IONIQ (85 g CO_2-Äqui/km laut ADAC Ecotest), der es gerade mal 170 km weit schafft, wenn man das Licht und die Heizung nicht einschaltet, produziert plus seinem Herstellungsrucksack (schwarz) mehr CO_2 als der Diesel Peugeot Blue-HDI. Nimmt man den E-Golf, der nur 16 PS mehr hat und 200 km weit fährt, dann sind es schon 100 g CO_2-Äqui/km, (ADAC-Eccotest) plus Herstellungsrucksack (schwarz) über 150 g CO_2-Äqi/km.

Und flugs sind E-Auto und Benziner (Golf TDI 141 g/km, also nach ICCT richtig berechnet) nicht mehr weit auseinander. Das heißt, der E-Golf ist gerade mal 14,7 Prozent besser. Das ist vermutlich wie immer der Sommerwert ohne Heizung und Licht, aber noch nicht unser Endwert – dazu kommen wir gleich.

Nehmen wir zum Vergleich die Messungen des ADAC, der sich wiederum auf das IFEU stützt. Der Autoclub vergleicht die Antriebe von drei Klassen: Kleinwagen, Kompaktklasse und obere Mittelklasse.

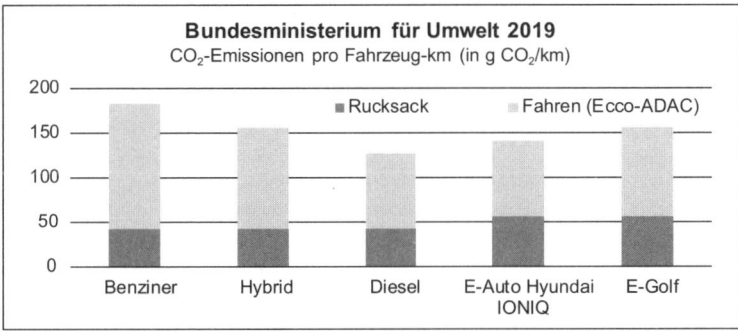

Abbildung 22: Quelle: BMU, ADAC-Test.

Bei den Kleinwagen – wieder Rucksack und Fahren zusammengenommen sowie beim derzeitigen Strommix – ist der Diesel knapp schlechter und der Benziner ebenfalls nicht sonderlich schlechter als der Elektro-Pkw. Der größte Unterschied liegt zwischen E-Auto und Benziner mit 11,4 Prozent.

In der Kompaktklasse ist der Elektrowagen, zum Beispiel E-Golf, ebenfalls besser als der Diesel und der Benziner. Der Unterschied zum Benziner beträgt 25 Prozent – das ist die größte Abweichung.

In der oberen Mittelklasse sind die Unterschiede nicht mehr groß, aber es wird ordentlich CO_2 in die Luft geblasen. Der Diesel ist 11 Prozent besser als der Elektro-Pkw und der Benziner gerade mal 7 Prozent schlechter als der E-Wagen. Wohl gemerkt, es geht hier »nur« um CO_2, nicht um den anderen Dreck.

Fazit: Bei den CO_2-Werten ist der Diesel teils besser als das E-Auto, das E-Auto höchstens 25 Prozent besser als der Benziner, und das auch nur in der Kompaktklasse. Im oberen Segment gibt

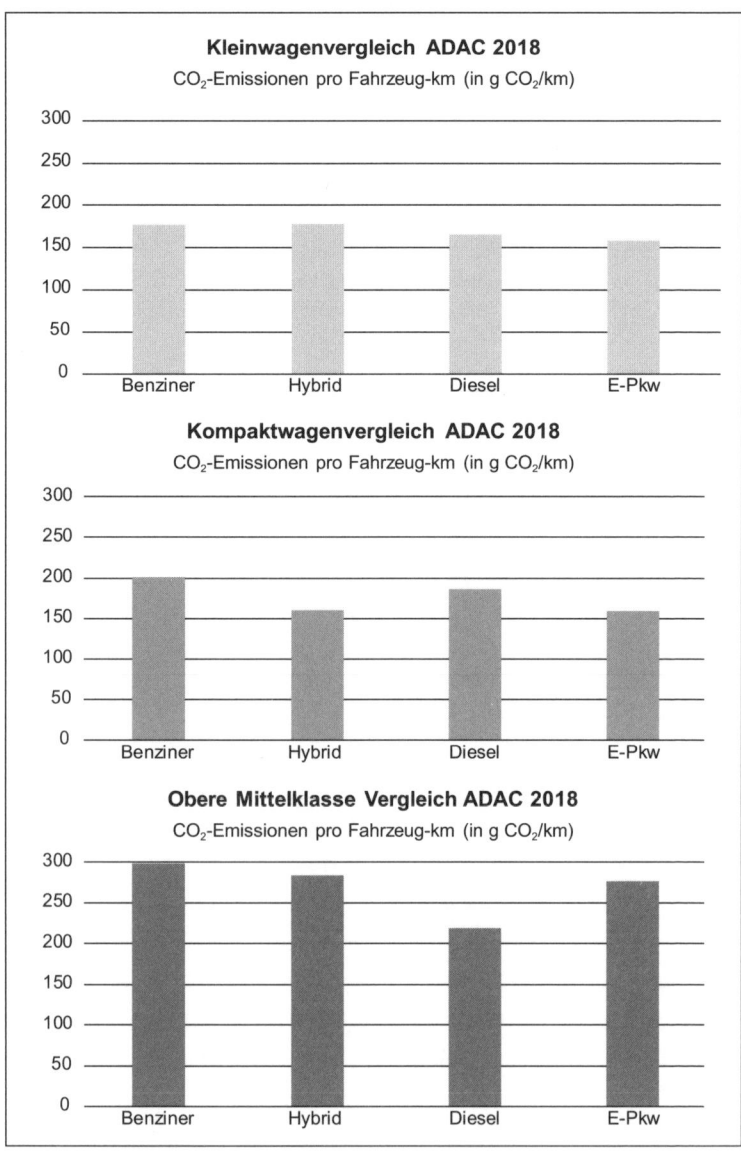

Abbildung 23: Quelle: ADAC.

es keine großen Unterschiede – alle Premiumfahrzeuge, egal welcher Antrieb, produzieren letztlich enorm viel CO_2!

Kommen wir zum »Zukunftsmarkt«, den SUVs und Pick-ups, den »Rennlastern«, wie Jürgen Resch sie nennt. Letztere sind auch noch 80 Prozent steuerbefreit wie etwa der VW Amarok 2 oder der Ford F 150 Diesel, kosten also statt 800 Euro nur gut 200 Euro im Jahr, gelten als Lkw, dürfen aber unbegrenzt schnell fahren.

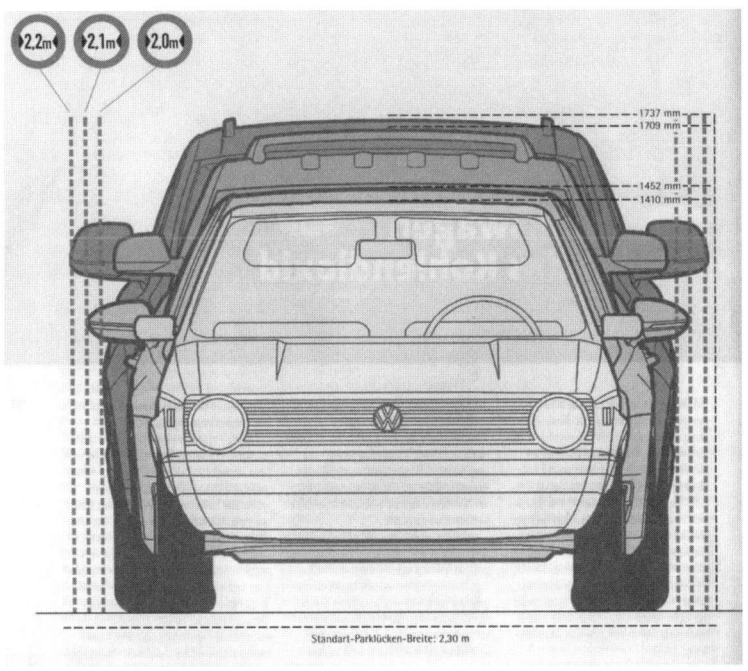

Abbildung 24: Quelle: *Lunapark21* **32, 2015/16.**

»Der SUV-Anteil wird – wie in den USA – auch in der BRD auf 60 Prozent ansteigen«, verkündete der eben aus der Haft entlassene, aber elektrisierte Audi-Chef Rupert Stadler in *Auto Motor und Sport*.[12] Das heißt, der Trend bei Elektrofahrzeugen geht weiter in Richtung SUV. Das Mekka des schmutzigen E-Autos, in China, wird das SUV bald dominieren, die Chinesen lieben ganz besonders große SUVs, mit über 5,20 Meter Länge. Das Land ist ja auch groß, und die Zahl von gut 250 000 Verkehrstoten im Jahr kann so konsequent gehalten werden. Weltspitze ist inzwischen aber Indien, das zweite Akkumulations- und Akku-Paradies für Elektro-Kfz und Motorisierung, mit knapp 300 000 per annum von der Straße ins Nirwana beförderten Menschen.[13] Denen dürfte es egal sein, mit welchem Typ Kraftfahrzeug sie in den Himmel oder anderswo hinkommen.

Energieerzeugung

»Einspruch!«, rufen die Vertreter der Grünen, die Erneuerbaren erobern doch den Markt und die Energiewirtschaft. Nun, auch das ist falsch gerechnet – nicht nur Dr. »Feinstaub-Köhler« hat im Mathematikunterricht aus dem Fenster geguckt.

Die Schmutzemissionen misst man nicht auf Basis des Anteils der Erneuerbaren, sondern des Anteils der fossilen Kraftwerke. Und da sieht es auf Jahre hinaus schlecht aus. Die Erneuerbaren ersetzen seit Jahren nichts anderes als den Atomstrom – der Ausstoß durch Stein- und Braunkohle hat sich bislang kaum verändert. Und die Prognosen des UPI sind allzu optimistisch: Der Solarmarkt – auch die Fotovoltaik muss mit Emissionen produziert werden – ist eingebrochen, in Süddeutschland beginnt man, die Landschaft zuzupflastern, Biomasse wird durch irrwitzigen Maisanbau subventioniert und ist nicht klimaneutral. Und inzwischen wehren sich immer mehr Menschen gegen Windkraft vor ihrer Haustür; die Windräder werden übrigens ebenfalls nicht emissionsfrei hergestellt. Auch die Erneuerbaren sind irgendwann ausgereizt, und zwar sehr bald.

»Der grenzenlose Ausbau der erneuerbaren Energien kostet Lebensräume für Fauna und Flora, für Natur und Landschaft« – und für Menschen, muss man hinzufügen, denn auch wir sind Teil der Natur. »So wird die Natur weiter zerstört im Namen der Natur.«[14] Für die Herstellung von Batterien weicht man folglich in andere Regionen aus: »Daher bauen die asiatischen Zelllieferanten in

Ländern wie Polen und Ungarn neue Werke für die Versorgung der deutschen Autoindustrie auf. Nicht wegen der günstigeren Arbeitskosten, sondern vor allem aufgrund des konkurrenzlos billigen Kohlestroms.«[15]

Das zum Weltmarkt und zur Weltmacht strebende China baut für seine E-Autos gigantische Kohle- und Atomkraftwerke, andere Länder ebenso. Der weltweite Ersatz des Verbrenners durch E-Autos bei steigender Auto- und SUV-Produktion bedeutet einen gigantischen Ausbau des Kohle- und Atomstroms rund um den Globus. Die Agora-Verkehrswender veranschlagen eine um 80 Prozent höhere Stromproduktion allein für die E-Autos bis 2050, als die gesamte Stromproduktion heute hergibt. Das lässt sich nicht regenerierbar herstellen.

Sind Elektroautos heute schon heute effektiver? Das behaupten immerhin die Grünen, Misereor, das Bundesumweltministerium, das IFEU, Agora und andere. Wolf kommt realistisch zu dem Ergebnis, dass – rechnet man den ökologischen Rucksack hinzu – als Einsparpotenzial an CO_2 gegenüber einem Verbrenner in Österreich und der Schweiz mit hohem Wasserkraftanteil ein

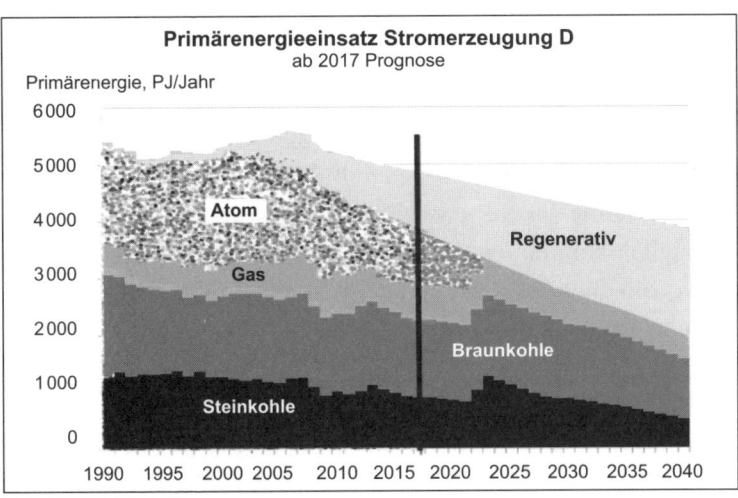

Abbildung 25: Quelle: UPI.

»Vorsprung« von 30 bis 35 Prozent herauskommt und im deutschen Strommix von 12 bis 16 Prozent.

Doch es gibt mehrere Haken, und einer ist ein ganz großer: Den deutschen Strommix als Basis für deutsche E-Autos zu nehmen ist falsch, was nicht nur Dieter Seifried, Mitarbeiter des Wuppertal Instituts für Klima, Umwelt, Energie belegt. Denn zusätzliche E-Autos fahren mit Kohlestrom (0,9 kg CO_2/kWh):

»Die Erklärung ist einfach, aber nicht zu widerlegen: Fotovoltaik, Windkraft und AKW produzieren immer, wenn sie können und betriebsbereit sind, da ihre variablen Kosten sehr gering oder nahezu null sind. Wegen eines zusätzlichen E-Fahrzeugs werden sie nicht mehr Strom produzieren (können). Also muss der zusätzliche Strom aus einem Kraftwerk kommen, das bislang nicht ausgelastet ist. [...] So entstehen mit dem Anschluss und dem Laden der E-Fahrzeuge an der Steckdose in einem durchschnittlichen Kohlekraftwerk Mehremissionen von rund 0,9 Kilogramm CO_2 pro Kilowattstunde. In einer aktuellen Studie des Öko-Instituts wird dargelegt, dass in über 6 000 Stunden im Jahr (Stein-)Kohlekraftwerke die schwankende und zusätzliche Last (zum Beispiel der Elektroautos) im Netz ausgleichen. Hinzu kommen jährlich etwa 1000 Stunden aus Braunkohlekraftwerken, die jedoch noch höhere Emissionen pro erzeugter Kilowattstunde aufweisen als Steinkohlekraftwerke. Dieser Zustand würde auch dann noch vorherrschen, falls in zehn oder zwanzig Jahren über 50 Prozent der Stromerzeugung aus regenerativen Energiequellen kommen würden. Wer also mit den niedrigen Emissionswerten des Kraftwerks-Mix rechnet, lügt sich in die Tasche – mancher bewusst, mancher aus Unkenntnis.«[16]

Auch Dieter Teufel vom UPI macht klar, sobald eine größere Menge an E-Fahrzeugen am Netz hängt, müssen sich Kohlekraftwerke zuschalten:

»Heute werden pro Verbrauch einer Kilowattstunde Strom 580 g CO_2 emittiert. Normalerweise wird in Ökobilanzen mit diesem durchschnittlichen Emissionsfaktor gerechnet. Dies ist jedoch genau genommen nicht richtig, da die verschiedenen Stromkraftwerke nicht nach durchschnittlicher Zusammensetzung, sondern nach ökonomischen Kriterien betrieben werden.«[17]

So laufen Kraftwerke mit hohen Investitions-, aber niedrigen Betriebskosten wie bei Wasserkraft, Windkraft und Fotovoltaik, wo keine Brennstoffkosten anfallen, immer, wenn es möglich ist. Die nächst höheren Betriebskosten weisen Kernkraft- und Braunkohlekraftwerke auf, die ebenfalls zur Deckung der Grundlast eingesetzt werden. Im Gegensatz dazu spielen bei Steinkohle- und Gaskraftwerken hohe Betriebskosten eine Rolle, denn Brennstoff ist teuer. Sie werden deshalb nur bei höherem Strombedarf zugeschaltet (Merit-Order-Effekt).

»Erhöhungen des Stromverbrauchs führen deshalb im Wesentlichen zu einer Erhöhung des Einsatzes fossiler Brennstoffe, vor allem Steinkohle. Deshalb müsste bei der Berechnung der CO_2-Emissionen zusätzlicher »Stromverbraucher« wie Elektrofahrzeuge nicht mit dem durchschnittlichen Emissionsfaktor des Strommix, sondern mit dem ca. 35 % höheren Emissionsfaktor von Steinkohlestrom in Höhe von 810 g CO_2/kWh gerechnet werden. Bei dieser realistischen Berechnungsmethode erhöhen sich die CO_2-Emissionen durch Elektro-Pkw um ca. 35 Prozent, E-Pkw liegen in ihren Gesamtemissionen dann deutlich höher als Benziner und Diesel.«

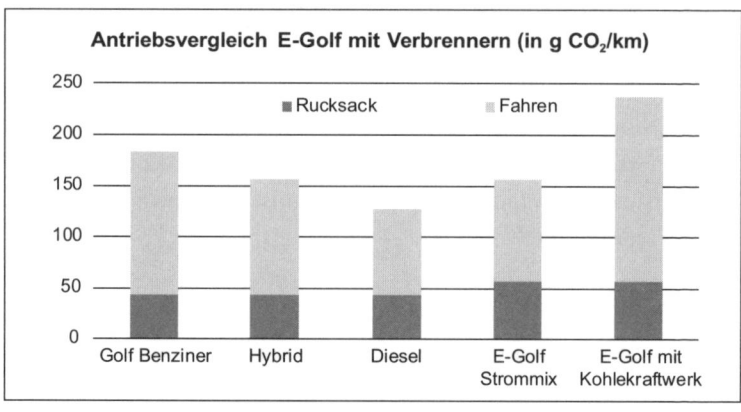

Abbildung 26: Quelle: BMU.

Und so rechnen wir mit dem vom ADAC gemessenen E-Golf auf Kohlestrombasis und vergleichen ihn mit den vom Umweltministerium kalkulierten Verbrennern. Tatsächlich stößt der E-Golf hier in den Dreckschleuder-Premium-Bereich vor – und das ist nicht unrealistisch. Aber es kommt noch dicker.

Rohstoffe

Die Ausbeutung der Rohstoffe für die Batterieproduktion wird zunehmen, unter anderem der Seltenen Erden, die nicht ohne Grund so heißen.

Nicht, dass die Kfz-Produktion die letzten 130 Jahren an Rohstoffen gespart hätte, die deutsche Industrie ist der fünftgrößte Verbraucher metallischer Rohstoffe, die übrigens zu 100 Prozent importiert werden. Das Kfz-Kartell beansprucht davon einen großen Teil: Eisen Stahl, Aluminium, Kupfer, Zinn und mehr. 10 Millionen Tonnen Stahl, mehr als ein Viertel des hierzulande verarbeiteten Stahls, wird von der Autoindustrie beansprucht. Palladium und Platin werden in den Katalysatoren verbaut. Fast die Hälfte des nach Deutschland importierten Aluminiums geht in den Verkehrssektor. VW, Daimler und BMW verbrauchen allein über 7 Millionen Tonnen Stahl und Eisen,

650 000 Tonnen Aluminium und 300 000 Tonnen Kupfer.[18] 50 bis 60 Prozent eines Pkw besteht unabhängig vom Antrieb aus Eisen und Stahl. Bismarcks Verlangen nach »Eisen und Blut« wird vom hiesigen Kfz-Kartell perfekt umgesetzt.

Eisenerz ist der zentrale Rohstoff für die Eisen- und Stahlproduktion – und wird unter anderem in Brasilien abgebaut. 2015 und 2019 brachen dort zwei Dämme an Rückhaltebecken für die Erzproduktion – einer war zuvor vom deutschen TÜV geprüft worden –, töteten nicht nur über 300 Menschen und verletzten viele, sondern führten auch zur Vergiftung großer Landstriche mit Klärschlamm. Das geht also auch auf das Konto der internationalen Autoindustrie.

Hinzu kommt die Jagd nach den neuen Rohstoffen, denn: »Für die Herstellung eines Elektroautos braucht es so seltene Stoffe wie Gallium, Kobalt und Lithium und auch Seltene Erden wie Dysprosium. Hielte der Trend zum Elektroauto an, so rechnet das Umweltbundesamt vor, bräuchte es bis 2030 sechsmal so viel Dysprosium, als zuletzt weltweit gefördert wurde.«[19]

Seltene Erden wie Neodym, Praseodym und Termium gibt es zu 90 Prozent, in China. Selbst das Chinesische Meer beginnt man, danach abzusuchen, was zu Konflikten zwischen den Anrainern führen wird. Fieberhaft fahndet man im Westen nach Ersatzstoffen. Wenn keine gefunden werden, könnte es mal wieder einen »Menschenrechtskrieg« geben, der sich aber eigentlich um Rohstoffe dreht. Die Folgen sind katastrophal: »Bei dem Abbau von Seltenen Erden werden eine Vielzahl an Chemikalien eingesetzt, die große Mengen an vergiftetem Schlamm und Abfällen zurücklassen. Zudem bergen die meisten Lagerstätten radioaktive Substanzen, was die Gefahr birgt, dass Radioaktivität in Luft- oder Wasserpfäde austritt.«[20]

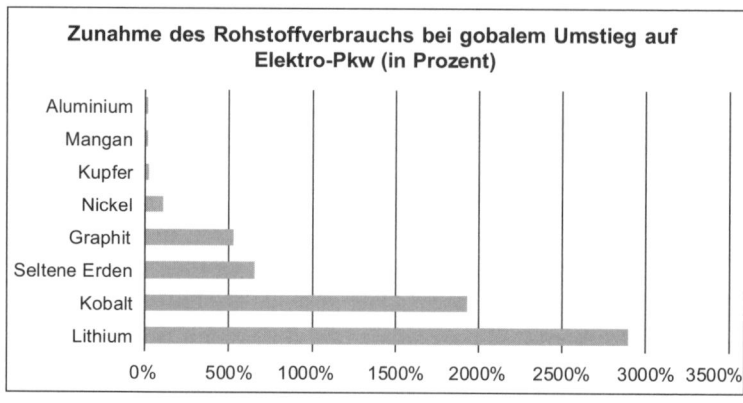

Zunahme des Rohstoffverbrauchs bei gobalem Umstieg auf Elektro-Pkw (in Prozent)

Abbildung 27: Quelle: Misereor/UBS.[21]

Das Recycling von E-Auto-Akkus existiert bislang nur in minimalen Ansätzen – und ob es je brauchbar gelingen wird, ist fraglich. Folglich wird der Bedarf an den Metallen Lithium und Kobalt zudem gigantische Ausmaße annehmen. Der Appetit auf Lithium wird sich von 600 Tonnen 2013 auf 160 000 Tonnen 2030 erhöhen.[22] Für 2050 werden vermutlich 500 000 Tonnen benötigt – 2017 wurden gerade mal 43 000 Tonnen abgebaut. Auch Nickel wird bei Ausweitung der Elektromobilität in großen Mengen gebraucht. Für das Jahr 2030 schätzt man, dass 830 000 Tonnen benötigt werden, mehr als ein Drittel der Menge, die 2016 weltweit abgebaut wurde. »Vorausgesetzt, der Besitz eines Privat-Pkw stellt weiterhin die Norm dar.«[23]

2017 wurden 110 000 Tonnen Kobalt abgebaut, 2030 werden 260 000 Tonnen benötigt und 2050 vermutlich 800 000 Tonnen – fast siebenmal so viel, wie derzeit aus der Erde bergmännisch geschürft wird. Der Preis von Kobalt hat sich in drei Jahren verdreifacht, der für Lithium in wenigen Jahren versechsfacht – »eMobility will drive demand«.[24] Der »Gold-Rush« hat längst begonnen, Lithium ist »der neue Star am Börsenhimmel«.[25]

Die Herstellung von Lithium im Dreieck zwischen Argentinien, Bolivien und Chile verbraucht unheimlich viel Wasser und bedroht die Existenz der Bauern vor Ort. »Die Vorkommen im Lithium-Dreieck lagern in Salzseen in hochandinen Steppenregionen, die durch extrem hohe Sonneneinstrahlung und sehr geringe Niederschläge gekennzeichnet sind. Die aride Landschaft ist Heimat zahlreicher indigener Gemeinden, die dort seit Jahrhunderten leben und Viehzucht, Handwerk und Landwirtschaft betreiben.«

Aber auch Lithium ist nicht unendlich. Es gibt zwar Versuche, es durch das häufigere Magnesium zu ersetzen, doch die Batterien halten bis jetzt nicht lange. Der Bundesverband der Deutschen Industrie (BDI) schreibt ein Menetekel an die Wand beziehungsweise droht schlicht und einfach: »Ohne Rohstoffe keine Digitalisierung und Industrie 4.0, keine erneuerbaren Energien und keine Elektromobilität, heißt es in dem Papier.«[26] Um die Abbaubedingungen schert sich so gut wie niemand. Die deutsche Industrie gibt sich hier »imperial«, betreibt eine Post- bis Neo-Kolonialpolitik und ist ganz scharf auf die Rohstoffe. Handelsabkommen der EU mit lateinamerikanischen Staaten verbieten Exportzölle. Auch »Wirtschaftspartnerschaftsabkommen« mit Westafrika beschränken oder befristen solche Zölle.[27]

Und Kobalt gibt es bislang hauptsächlich im Kongo. Die Demokratische Republik Kongo, »wo weniger als die Hälfte der Bevölkerung Zugang zu sauberem Trinkwasser haben, jedes 7. Kind vor seinem 5. Geburtstag stirbt und nur ein Zehntel der Menschen eine Stromversorgung haben, könnte die Einnahmen aus dem Kobalt-Geschäft gut gebrauchen. Tatsächlich jedoch landet ein Großteil der dem Staat zustehenden Einnahmen nicht in der Staatskasse, sondern in den Taschen einflussreicher Kongolesen. Statt in das Wohlergehen der Kongolesinnen und Kongolesen investieren zu können, schrumpft der Staatshaushalt seit Jahren.«[28]

Einer der größten Bergbaukonzerne der Welt, die Schweizer Firma Glencore förderte 2017 in ihren Minen 24 500 Tonnen Kobalt, etwa ein Fünftel der Weltproduktion. Sie kam höchstwahrscheinlich durch Korruption und mithilfe des »dubiosen dealbrokers Dan Gertler«,[29] einem Freund von Staatspräsident Joseph Kabila, an die Schürfrechte und luchste sie der Regierung praktisch für ein Butterbrot ab.

Der Kobalt-Bergbau hat enorme negative soziale und ökologische Folgen: 72 Prozent der Fläche der ehemaligen Provinz Katanga stehen für den Bergbau zur Verfügung, die Bauern und die Landwirtschaft haben das Nachsehen.

Daneben gibt es rund eine Million Kleinschürfer. Hierbei zwingen sich Kinder und junge Männer in selbstgegrabene Höhlen, die hochgiftig und gesundheitsgefährdend sind.»So prekär die Arbeitssituation der Kleinschürfer*innen auch ist, handelt es sich dabei doch um eine wichtige Einnahmequelle für viele Kongoles*innen. Der artisanale Bergbau erfolgt auch deshalb unter oft fragwürdigen Umständen, weil staatlicherseits kaum Kontrollen stattfinden und es für diesen Sektor kaum Förderungen und Schulungen gibt.«[30] Theoretisch haben die Kleinschürfer ein Recht auf eigene Abbaugebiete, wenn sie sich zu Kooperativen zusammenschließen. Solche Standorte werden aber kaum ausgewiesen oder haben nur geringe Erzvorkommen. So bauen die Kleinschürfer illegal ab und werden verfolgt, es kommt zu Gewalt und Menschenrechtsverletzungen.

Der Aufkauf ist zudem monopolisiert. Die Kooperativen werden von dubiosen Geschäftsleuten kontrolliert – mit Verflechtungen bis in die Präsidentenfamilie. Die Kleinschürfer bleiben schlecht bezahlte Scheinselbstständige, haben nichts zu sagen, werden sogar mittels falscher Messgeräte betrogen, etwa durch chinesische Firmen. Die Aufkäufer verdienen sich dann beim »internationalen« Weiterverkauf eine goldene Nase – man fühlt sich an Gerhart Hauptmanns *Die Weber* und Heinrich Bölls *Die Waage der Baleks* erinnert.

Doch Kobalt ist ebenso endlich, und brauchbare Ersatzstoffe sind nicht in Sicht. So könnten Konflikte heraufziehen, und für die »Rohstoffsicherung« würde sich dann auch mal ein Militäreinsatz, ein Krieg, anbieten. Alles, damit sich der obere Mittelstand in den reichen Ländern E-SUVs oder Zweit- und Drittwagen leisten kann, die angeblich emissionsfrei sind und es diesen Besserverdienenden ermöglichen, damit weiter ungehindert herumkurven zu können.

Bumerang

Mit Rebound- beziehungsweise Bumerangeffekten rechnen die wenigsten. Gemeint ist hiermit die Rückwirkung von (vermeintlich) effizienten Produkten auf den Konsum. LED-Lampen lässt man beispielsweise länger brennen, mit Solaranlagen erzeugtes warmes Wasser führt zu längerem Duschen. Und mit dem Elektroauto könnte man guten Gewissens mehr und weiter fahren, denn es ist ja angeblich ein »Null-Emissionsfahrzeug«. Auf Deutsch: Die Effizienz wird durch den Dauergebrauch gemindert oder zunichtegemacht und zum Teil sogar ins Gegenteil verkehrt – das ist dann der Backfire-Effekt. Das passiert zurzeit mit den SUVs und Pickups, den Rennlastern: Ihre PS fressen die ganze Effizienz bei den Verbrennungsmotoren auf, und so sinken weder der allgemeine durchschnittliche Spritverbrauch noch der CO_2-Ausstoß des Verkehrs. Im Gegenteil: Der Durchschnittsverbrauch der Benziner stieg 2017 erstmalig wieder von 7,7 auf 7,8 Liter und für Diesel von 6,8 auf 7 Liter! (Statista 2019)

Teufel, Wolf und Zängl zählen mehrere gravierende Bumerangeffekte bei Elektroautos auf.[31] Außer ihnen hat das noch keiner der zahlreichen digital-autonomen Pseudoverkehrswende-Elektroauto-Zukunftsforscher wirklich gerechnet; selbst die Agora blendet dies in ihrem *Verkehrswende*-Papier blauäugig oder absichtlich aus.[32]

- *Bumerangeffekt Nr. 1:* Wenn man das teure Ding mal gekauft hat, will man auch viel und »emissionslos« und gern auch in der Stadt damit rumkurven. Wir erinnern uns, das Auto verspricht uns Mobilität und Geschwindigkeit. Der E-Cruiser cruist statt 14 000 km wie der Verbrennerpilot im Schnitt 25 000 km pro Jahr.

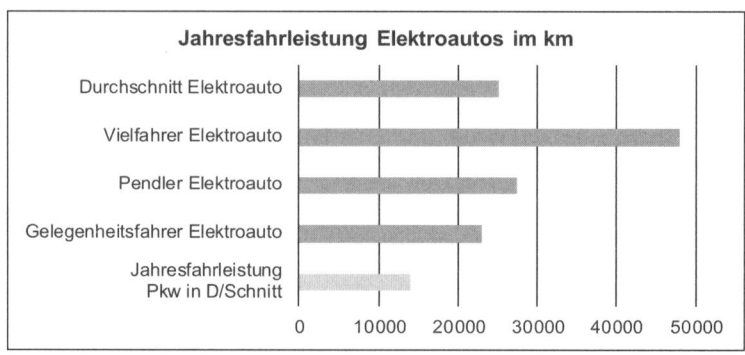

Jahresfahrleistung Elektroautos im km

Durchschnitt Elektroauto

Vielfahrer Elektroauto

Pendler Elektroauto

Gelegenheitsfahrer Elektroauto

Jahresfahrleistung
Pkw in D/Schnitt

0   10000   20000   30000   40000   50000

Abbildung 28: Quelle: UPI/TU-Dresden.

■ *Bumerangeffekt Nr. 2:* Einmal motorisiert, immer motorisiert. Wer sich ein E-Auto kauft, fährt nicht nur mehr mit ihm rum, sondern fährt auch nicht mehr öffentlich. Oder wie es BMW 2019 in der Werbung beschreibt: »Elektrisch und elektrisierend: Jedes Detail, jedes Merkmal, einfach alles am BMW i3 mit eDrive ist auf das pulsierende Leben in der Großstadt zugeschnitten. Gerade in Stadtzentren punktet er mit seiner kompakten Größe und seinem emissionsfreien (sic!) Antrieb.« Norwegen, das erste E-Mobil-Paradies, förderte bislang das E-Auto, wo immer möglich – mit dem Effekt, dass nicht nur 20 Prozent der Kfz inzwischen Stromer sind, sondern dass der öffentliche Personennahverkehr (ÖPNV) schwer darunter leidet. Der Anteil des ÖPNV sank in Norwegen bei den E-Auto-Käufern, die zur Arbeit pendelten, um 82 Prozent. Klimakatastrophe, wir kommen elektrisch! Inzwischen nimmt Norwegen die Vergünstigungen für Elektroautos Stück für Stück zurück, denn es gibt plötzlich die üblichen Platzprobleme mit den E-Schlitten an Ladesäulen wie an ganz normalen Parkplätzen. Auch schicke Teslas sind Stehzeuge, die irrsinnig Platz brauchen. Wer hätte das gedacht?

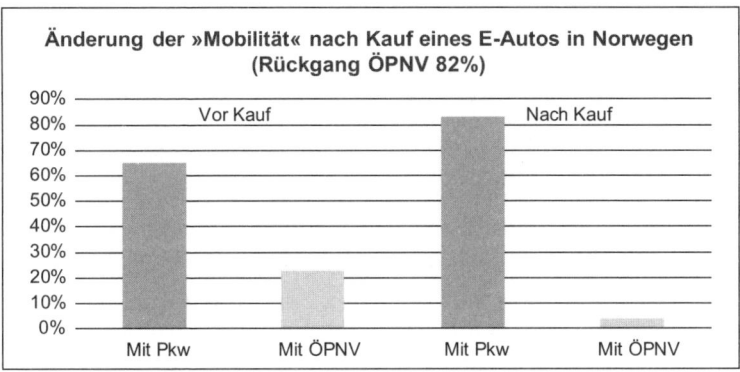

Abbildung 29: Quelle: UPI

■ *Bumerangeffekt Nr. 3:* Da E-Autos in der Reichweite begrenzt sind, können sie in der Regel einen Verbrenner nicht ersetzen. Was machen Papi oder Mami, wenn sie etwas Kohle haben? Sie kaufen sich zum Benziner – der Diesel hat ja einen schlechten Ruf – einen Zweit- oder Drittwagen für den Stadtgebrauch. »Elektrofahrzeuge sind in den nächsten Jahren, wahrscheinlich Jahrzehnten, typische Zweit- oder Drittwagen.«[33] Schon hat sich der Autoabsatz erhöht, und damit steigen nicht nur die Profite des Autokartells, sondern es gibt noch weniger Platz in der Stadt für Menschen und Pflanzen, der Stau wird noch größer, und die Abgase nehmen ebenfalls zu. Diesmal nicht direkt in der Stadt, aber dann eben auf dem Land. Hier wirkt auch gleich wieder die Klassengesellschaft, denn so etwas kann sich nur der gehobene Mittelstand leisten, der Häuslebauer, dessen Strom zu Hause – mit einem teuren Schnellladegerät – aus der Steckdose kommt. Und der Besetzungsgrad solcher Fahrzeuge ist noch schlechter, weil die Familie dann doch mit Verbrenner in den Urlaub fährt. Gleichzeitig nehmen die Ladestationen künftig in der Stadt unglaublich Platz weg, und auf den Raststätten – wenn dann mal wirklich weitergefahren werden soll – prügeln sich dann die Leute um die Anschlüsse, die ja stundenlang besetzt sind.

- *Bumerangeffekt Nr. 4:* Die Regierung sieht Stromer als »Null-Emissionsfahrzeuge« an – eine der großen Lügen der Pseudoverkehrswende. Diese »Nullemittenten« darf der jeweilige Autokonzern mit den Emissionen ihrer Spritschlucker und PS-Hengste verrechnen. Das heißt, für jedes E-Auto gibt es eine hohe Gutschrift, die 2015 sogar noch um den Faktor 1,5 erhöht wurde (»Super-Credit«). Überschreitet nun ein Verbrenner-SUV den für ihn angesetzten Grenzwert, müsste dies zu einer Strafzahlung führen. Doch diese Überschreitung wird nun mit dem (falschen) E-Bonus verrechnet, der so hoch ist, dass damit im Schnitt fünf SUVs verkauft werden können, ohne dass es zu Strafzahlungen kommt. Ein unglaublicher Betrug! Rechenbeispiel eines fiktiven Herstellers von Dieter Teufel vom UPI: »Es wird angenommen, dass 50 000 SUV/Geländewagen und 2 000 Stromer verkauft wurden. Die Kompensationsmöglichkeit durch die wenigen E-Autos reduziert die Strafzahlungen für die SUVs um 73 Prozent, die restliche Strafe kann durch Hybrid-Fahrzeuge kompensiert werden. Durch die Stromer werden so 130 000 t CO_2 zusätzlich in die Luft geblasen.«[34]

Verkaufte SUV und Geländewagen	50 000 Pkw
Verkaufte E-Pkw	2 000 Pkw
Strafzahlungen für CO_2-Grenzwertüberschreitungen (SUV und Geländewagen)	60 000 000 Euro
CO_2-Gutschrift (E-Pkw)	–44 000 000 Euro
Verbleibende Strafzahlungen	16 000 000 Euro
Gesparte Strafzahlung (pro E-Pkw)	**–22 000 Euro**
CO_2-Mehremission (SUV und Geländewagen)	130 000 Tonnen

Quelle: UPI.

Bis 2017 wurde ja zudem auf dem Prüfstand bewusst und geduldet falsch gemessen nach dem Testzyklus NEFZ. Mit dem neuen Zyklus WLTP ist dieser Betrug verringert, aber immer noch nicht eliminiert. Und auf der Straße wird jetzt gemessen, aber immer noch nicht mit Hochgeschwindigkeitsfahrten – und so wird auch dort weiter munter betrogen. Jedoch hat Brüssel die Grenzwerte für 2020 verschärft: 95g CO_2/km.

Maßnahmen 2017/2020	Verschärfung
Grenzwertabsenkung von 130 auf 95 Gramm CO_2 pro Kilometer	27 Prozent
Testzyklus WLTP statt NEFZ	25 Prozent
Summe	45 Prozent

Auswirkungen der neuen EU-Grenzwerte und Testzyklen. Quelle: UPI.

Das rief das Drogenkartell und seine Dealer auf den Plan, denn dann könnte es nicht mehr so viele SUVs pro E-Auto schönrechnen. So schrieb Ex-Verkehrsminister Wissmann schon 2013, damals noch VDA-Chef, an die Bundeskanzlerin: »Liebe Angela … In China werden emissionsfreie Elektroautos mit dem Faktor 5 auf die Gesamtflotte der Hersteller angerechnet. In Europa hingegen sollen wir von 2020 an nur höchstens Faktor 1,3 oder 1,5 anrechnen dürfen. Das ist viel zu wenig.« Offensichtlich reagierte die liebe Angela positiv, denn Wissmann gab im Interview an: »Die Bundeskanzlerin ist sehr sachkundig und weiß genau, dass man eine starke Industrie nicht beschädigen darf.«[35] »Super-Credits kommen Super-Bedeutung zu«, tönte dann die Kanzlerin wenige Tage später.[36]

Die Regierung ist also geneigt, diese Verrechnungen zugunsten des Autokartells weiter aufzuweichen. Geneigt aber müsste sie sein, diesen Verrechnungsbetrag sofort abzustellen und die weitere Produktion von SUVs zu verhindern. Denn damit führen eine Million E-Autos 2020 oder 2021 dazu, dass sich am CO_2-Ausstoß im deutschen Verkehr nichts ändert. Und mit einem Anteil von 60 Prozent SUVs, darunter auch E-SUVs, wie sie dezidiert vom Kartell angepeilt werden, sind die Klimaziele trotz allem Schönrechnen nie und nimmer erreichbar. **Dieser Bumerangeffekt führt also mit E-Autos und SUVs garantiert zu mehr CO_2-Ausstoß.**

■ *Bumerangeffekt Nr. 5:* Dieser ganze dreckige Budenzauber wird auch noch finanziell belohnt und subventioniert. Die Förderung von E-Autos – neben der staatlichen Prämie 4000 plus 2000 Euro bei BMW – macht sie im Betrieb unglaublich billig, vor allem, wenn das Stromtanken in der Öffentlichkeit kostenfrei ist, so wie bis 2017 bei Tesla und immer noch bei Aldi bzw. seit März 2019 auch bei Ikea.

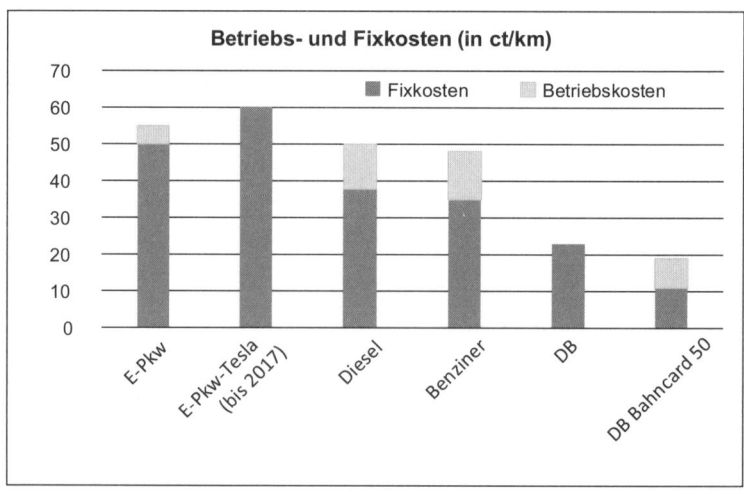

Abbildung 30: Quelle: UPI.

Während die Verbrenner-Kfz über die Mineralölsteuer zumindest Teile der Infrastrukturkosten finanzieren, tragen E-Autos nichts dazu bei, denn auf Strom wird keine Mineralölsteuer erhoben. Die Betriebskosten sind weitaus geringer als beim ÖPNV und der Diesel- und Benzinerkonkurrenz. Tankt man bei Aldi oder Ikea, gehen sie bislang fast gegen null,. Sollten die E-Autos so wie die Verbrenner zur Infrastrukturfinanzierung herangezogen werden, müsste die Stromsteuer um 800 Prozent erhöht werden.[36]

All diese Bumerangeffekte heben die geringe »Sauberkeit« des E-Autos komplett auf oder machen es gar noch dreckiger – und das mindestens noch für 20 bis 30 Jahre.

Übrigens: Auch die neuste IFEU-Studie für Agora[37] lügt sich in die Tasche. Sie betrachtet weder die Bumerangeffekte noch die Zuschaltung von Kohlekraftwerken bei zusätzlichem Stromverbrauch (Merit-Order-Effekt) und kommt so für 2030 zu fantastischen Effizienzvorteilen für E-Autos.[38] Aber selbst diese Studie macht klar, dass der Vorteil des E-Autos in der Stadt liegt – beim derzeitigen Strommix 3 Prozent gegenüber dem Diesel – und dass für Autobahnfahrer momentan der ökologische Rucksack bis 200 000 km reiche, um vor einem Diesel 7 Prozent Vorteil zu erfahren.[39] Da sind die meisten Autos schon im Eimer. Was sagt uns aber diese Aussage der geschönten Studie: Man nehme sich einen Verbrenner für die Autobahn und den Urlaub, in der Stadt hingegen fahre man mit dem E-Auto als Zweitwagen. Das allerdings bringt zusätzliche Kfz, die wir gerade aus der Stadt raushaben wollen.

Doch noch immer haben wir nicht alle Nachteile des E-Autos erwähnt. Der Elektrosmog beim »Tanken« wäre zu nennen, die gigantischen Strom-Kupfer-Trassen und die Gefährlichkeit der E-Autos für Fußgänger und Radfahrer besonders im Stadteinsatz, da sie hier leiser sind als die Verbrenner und weitaus rascher beschleunigen können. Nach einer Untersuchung in den USA erhöhen Stromer im Stadtverkehr die Gefahr für Fußgänger um 53 Prozent und für Radfahrer sogar um 72 Prozent.[40]

Gerät ein Stromer in Brand, ist die Feuerwehr oft ratlos, wie sie das Hochvoltgerät löschen kann. E-Autos sind zudem schwer und werden immer schwerer, sie befördern also meist mit 2 bis bald 3 Tonnen 100 kg Mensch bei einem Besetzungsgrad von 1,2.

Sie verbrauchen genauso irrsinnig viel Fläche, erhöhen die Fahrzeugzahlen weltweit, statt sie zu senken, vergrößern den Stau, verschlimmern die Klimakatastrophe, haben Reifen- und Bremsenabrieb und erzeugen damit Feinstaub bis zu 85 Prozent,[41] haben Mikroplastikabrieb für unsere Meere, sind schon ab 40 km/h genauso laut wie Verbrenner aufgrund ihres Rollwiderstands, sie verletzen und töten in der Stadt mehr Menschen als die Verbrenner und draußen genauso viel: 1,35 Millionen im Jahr 2016. Das E-Auto ist damit gleich unökonomisch, stadtzerstörerisch, unsozial, klimakillend und mörderisch wie seine Verbrennerbrüder.

Die leichten Vorteile, die ein E-Auto vor den Verbrennern hat, werden durch die Rebound-/Bumerangeffekte aufgehoben. E-Carieristen fahren mehr Kilometer im Jahr, benutzen ihr E-Kfz als Zweitwagen, meiden den ÖPNV, den sie vorher genutzt haben und müssen nichts für die Infrastruktur zahlen. Außerdem: Ihre Fahrzeuge helfen als »Nullemissionsfahrzeuge« dem Drogenkartell, sich die Strafzahlungen für ihre SUV-Dreckschleudern zu ersparen.

Zudem stagniert der deutsche Strommix derzeit beim Ausbau der regenerativen Energien. Diese ersetzen momentan und bis Mitte der 2020er Jahre nur den Atomstrom. Kohle und Gaskraftwerke, also fossile Emittenten, beherrschen immer noch das Bild. Mit der wachsenden Zahl von E-Autos wächst automatisch der Stromverbrauch, und so kommt es zur Zuschaltung von Kohlekraftwerken. Der ganze schöne Strommix ist dann zum Teufel. Alle diese Effekte führen mindestens bis 2035, wenn nicht bis 2040, zu höheren CO_2-Emissionen durch E-Autos und zu zusätzlichen Kfz. Hinzu kommt, dass das Autokartell auf SUVs, also künftig auch auf Elektro-SUVs setzt, die nach allen Studien, auch denen, die sich in die Tasche lügen, einen hohen Stromverbrauch, einen emissionsgeladenen Herstellungsprozess haben und somit CO_2-intensiv sind.

E-Autos sind nur im Kleinwagenbereich effizient und auch nur dann, wenn die Erneuerbaren einen übermächtigen Anteil haben. Das wird erst 2040 und vielleicht erst 2050 der Fall sein. Das heißt, allenfalls als kleines Nischenprodukt bringt das E-Auto etwas – und dann auch nur im Rahmen einer wirklichen Verkehrswende, in der das Auto kein Massenverkehrsmittel mehr ist.

Fetisch 2: Hybrid, Wasserstoff und »klimaneutrale« Kraftstoffe

»E-Mobile sind der letzte Notnagel für Leute, die glauben, unbedingt Auto fahren zu müssen.«

(Hermann Blümel, Umweltbundesamt, 1991)

Natürlich gibt es weitere »technische Lösungen«: Da ist der Hybrid-Pkw mit einem kleinen zusätzlichen Elektromotor für die Stadt, da gibt es den Plug-in-Hybrid mit einem größeren Elektromotor, den Wasserstoffantrieb und die Brennstoffzelle. Schließlich träumen die neuen »Wender« von Agora und andere von den »klimaneutralen Kraftstoffen«.

Der Reihe nach: Der Hybrid hat keinen besseren Wirkungsgrad als ein Benziner und einen schlechteren als der Diesel.

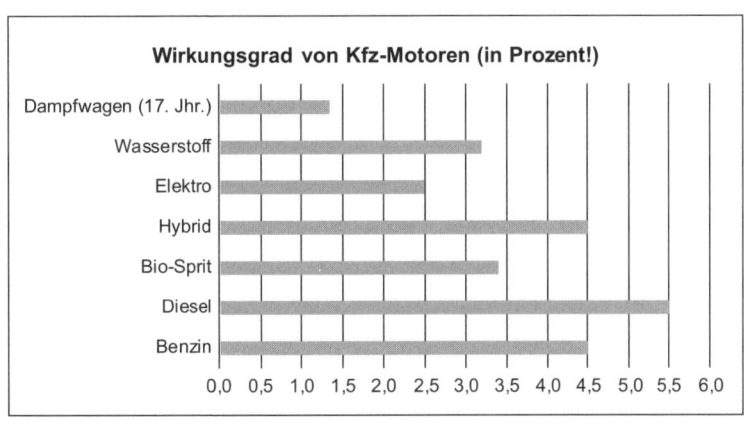

Wirkungsgrad von Kfz-Motoren (in Prozent!)

Abbildung 31: Quelle: UPI.

Was heißt Wirkungsgrad? Wasserstoff-, Hybrid- und Elektroautos sind vom Wirkungsgrad dem Otto- oder Dieselmotor höchstens gleich, teilweise sogar unterlegen. So hat ein Elektromotor vorderhand zwar einen Wirkungsgrad von 90 Prozent. Das heißt, es wird fast aller Strom, den man in ihn hineinsteckt, in Bewegungsenergie umgesetzt. Rechnet man aber hinzu, welche Energieverluste bei der Herstellung und Verteilung des Stroms sowie beim Aufladen und Betrieb der Batterie zu beklagen sind, sieht die Energiebilanz nicht besser aus als bei einem Verbrennungsmotor. Von den 100 Prozent Energie, die man in das E-Auto steckt, werden also nur 1,5 bis 5,5 Prozent in Bewegungsenergie umgesetzt.

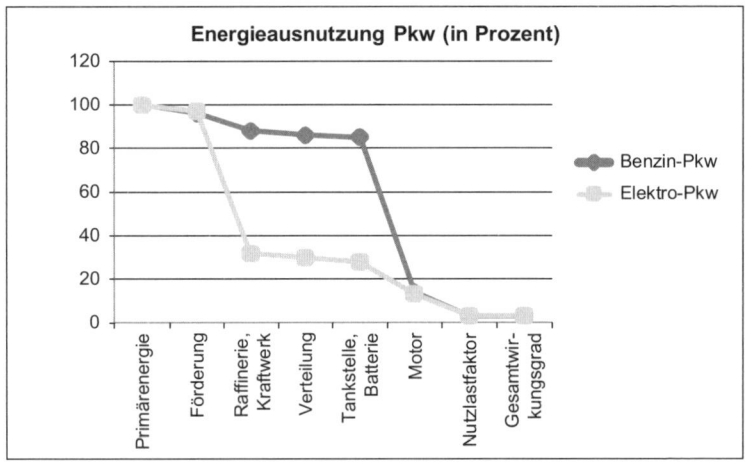

Abbildung 32: Quelle: UPI

Elektromobilität zum Beispiel würde sich – E-Scooter und Pedelecs mal ausgenommen – nur für den Schienenverkehr wirklich lohnen, da hier geringere Reibungsverluste entstehen und zudem mit besserer Auslastung und mit Oberleitung gefahren wird, was wesentlich effizienter ist. Der Hybrid und der Plug-in-Hybrid sind auf jeden Fall aufgrund ihrer zwei Motoren und damit der addierten Energiebilanz noch schmutziger als Elektro-Kfz. Sie wurden entwickelt, um »emissionsfrei« in die Stadt hineinfahren zu können – falls das einmal gefordert würde – und draußen Gas geben zu können. Deswegen sind die Motoren meist in Premiumautos mit hoher PS-Zahl eingebaut und dienen als grünes Mäntelchen. Energetisch müssten sie verschwinden. Aber auch das Zeug wird als Nullemissionsauto gerechnet.

Nehmen wir einen Daimler Plug-in-Hybrid E 300 de.[42]

- Beim Labortest wird der E-Motor bei voller Batterie gefahren, bis die Batterie leer ist. Das passiert nach 54 km. Die Emissionen werden mit null gerechnet!

- Das Auto fährt das Testverfahren mit seinem Diesel- oder Benzinmotor über eine Entfernung von 25 km. Im Beispiel beträgt der gemessene Verbrauch 1,3 Liter Diesel.

- Der gesamte fossile Kraftstoffverbrauch des Autos wird für eine Entfernung von 100 km berechnet. Der Verbrauch beträgt 1,3 Liter ÷ (54 km +25 km) × 100 km = 1,6 Liter/100 km.

- Basierend auf dem Dieselverbrauch werden die CO_2-Emissionen berechnet: 1,6 Liter Diesel – 100 km × 2,64 kg CO_2/Liter Diesel = 4,2 kg CO_2 ÷ 100km = 42 g CO_2/km.

Ergebnis: Das Auto erhält den Status eines Zero-Emission-Autos, da die Emissionen unter der Schwelle von 50 g CO_2/km liegen.

In der Realität sind die schweren Plug-in-Hybrid-Kfz (PHEV) hauptsächlich als Geschäftsfahrzeuge im Einsatz und werden normalerweise mit Diesel oder Benzin über weite Strecken gefahren.

Der tatsächliche Dieselverbrauch desselben Fahrzeugtyps (Mercedes E 300 d) ohne Elektromotor beträgt im realen Alltag etwa 7,9 Liter/100 km. Dies entspricht 209 g CO_2/km und übertrifft die Flottenemissionsziele bei weitem. Selbst wenn das Auto nur im Elektromodus verwendet wird, kann dies zu hohen CO_2-Emissionen führen. Im Elektromodus kann das Auto mit einer Batteriekapazität von 13,5 kWh eine Entfernung von 54 km erreichen. Der Verbrauch beträgt somit 25 kWh/100 km. Bei der

Betrachtung der durch die Elektrizitätsnachfrage verursachten CO_2-Emissionen mit der Merit-Order-Methode liegt die Emission zwischen 200 und 221 g CO_2.

Wasserstoff-Pkw

Kommen wir zum Wasserstoffauto. Schon 1992 schrieb Wolfgang Zängl – und daran hat sich auch fast 30 Jahre später nichts geändert:

>»Wasserstoff wird durch Elektrolyse von Wasser gewonnen – mit hohem Strombedarf. Bei größerem Wasserstoff-Bedarf steigt z. B. der Strombedarf – aus atomaren oder fossilen Quellen, oder indem z. B. in Kanada ganze Landschaften für Wasserkraftwerke unter Wasser gesetzt werden, wobei ein Teil der projektierten 26 000 MW dann zur Produktion von Wasserstoff eingeplant wird. Dieser Wasserstoff soll u. a. in riesigen Kühltankern nach Hamburg transportiert werden und öffentliche Busse und andere Fahrzeuge ›umweltfreundlich‹ betreiben – mit einer völlig indiskutablen Energiebilanz. Denn immense Energieverluste von der Erzeugung (Elektrolyse von Wasser) über Transport (Kühlung bei minus 253 °C), Speicherung im Fahrzeug (wiederum Kühlung!) etc. sorgen für einen insgesamt äußerst niedrigen Wirkungsgrad. Deshalb kann eine großindustrielle, global verteilende Wasserstoffwirtschaft keine Lösung der künftigen Energie- und Verkehrsproblematik sein.«[43]

Allein für die Verflüssigung von Wasserstoff muss mehr Energie aufgewandt werden, als im Wasserstoff enthalten ist.[44]

Um es nochmals klarzumachen: Wir haben drei Umwandlungsprozesse, die viel Energie schlucken. Zudem ist Wasserstoff sehr flüchtig, verschwindet also bei der Lagerung oder im Tank trotz hohem Druck, und ist hochexplosiv. Die »Hindenburg«-Luftschiffkatastrophe könnte sich dann millionenfach wiederholen. BMW hat sich längst vom Wasserstoffauto verabschiedet, und selbst die Grünen liebäugeln nicht mehr damit.

Brennstoffzelle

Schon vor 60 Jahren versprach das Autokartell das Brennstoffzellenauto für 1965.[45] Doch es kam nicht. Wollten sie das Ding nicht, oder war es einfach nicht profitabel, also nicht nur energetisch Quatsch, sondern auch finanziell? Ja, genauso ist es! Die von Zängl beschriebenen Prozesse sind bei der Brennstoffzelle noch um einen zusätzlichen zu erweitern: Erst muss man elektrolytisch mit viel Strom, zum Beispiel aus Fotovoltaik in den Wüsten Nordafrikas oder des Nahen Ostens (MENA) aus Wasser, das dort ohnehin knapp ist, Wasserstoff herstellen (Prozess 1), dann muss man den fast bis an die Grenze des physikalisch Möglichen runterkühlen, in riesige Tanker verfrachten, die mit Schweröl und wohl kaum mit Strom angetrieben werden (Prozess 2). Dabei verflüchtigt sich ein großer Teil. Anschließend wird der Wasserstoff in einen Tank gepresst, wieder gekühlt, wieder entweicht ein großer Teil (Prozess 3). Dann erst wird er über eine Brennstoffzelle in Strom verwandelt, faktisch die Umkehrung der Elektrolyse (Prozess 4). Der Wirkungsgrad dürfte damit unter dem von Wasserstoff liegen.

Power-to-Gas und Power-to-Fuel

Es gibt weitere »alternative Zukunftsenergien«, die man gleich im orwellschen Sinn falsch als »klimaneutral« tituliert. Schon jetzt lassen die von der Autoindustrie an der langen Leine geführten Grünen in der baden-württembergischen Regierung – mit die größten Versager in der Klima- und Verkehrspolitik – solche Prozesse untersuchen.[46] Doch was wird da überhaupt klimaneutral gemacht?

Zunächst wird in sonnenreichen Gebieten, wieder ist Nordafrika und der Nahe Osten das Ziel, über aufwendige Fotovoltaikanlagen aus Wasser mittels Elektrolyse Wasserstoff erzeugt, daraus sollen mittels der sogenannten Fischer-Tropsch-Synthese und unter Verwendung von überschüssigem CO_2 (!) flüssige Kohlenwasserstoffe entstehen. Diese dienen als Energiespeicher oder werden den SUVs als angeblich »emissionsarmes« Benzin beigemischt.

Schon das Fischer-Tropsch-Verfahren, das die deutschen Faschisten im Zweiten Weltkrieg zur Benzinherstellung aus Kohle massenhaft und unter irrem Energieaufwand nutzten, führt zu Energieverlusten von 50 Prozent. Für den Gesamtprozess setzt das IFEU einen Wirkungsgrad von 41 bis 46 Prozent – was natürlich höchst optimistisch gerechnet ist. CO_2 aus der Luft zu fangen ist zudem gar nicht so einfach, sehr teuer und benötigt viel Energie – und wird den Wirkungsgrad weiter senken. Zudem dürften bei diesem naiven Wirkungsgrad von 41 Prozent Herstellung, Transport und die Aufstellung der gigantischen Fotovoltaikanlagen nicht einbezogen sein, ebenso wenig der Transport in riesen Frachtern und die Lagerung. Ob Kohlenwasserstoffe – auch Methan könnte auf diese Weise synthetisch, aber gar nicht »klimaneutral«, nämlich unter hohem Druck produziert werden – wirklich so emissionsarm sind, ist fraglich, zumal sie jahrzehntelang nur in geringen Mengen den SUVs oder anderen Dreckschleudern beigemischt werden sollen.

Um deutlich zu machen, worum es geht: Ein Porsche Cayenne verbraucht auf 100 km bei einem Tempo von 250 km/h, 67 Liter Super. Und für dieses Umweltschwein, das eine solche Dreckschleuder auch noch mit Bleifuß fahren darf, soll in Afrika mit irrsinnigem Aufwand ein synthetischer Kraftstoff hergestellt werden? Ganz abgesehen von den politischen Folgen der »Befriedung« dieser Gebiete durch Neokolonialismus beziehungsweise neuen Imperialismus.

Brauchen Brennstoffzellen-Kfz schon doppelt so viel Energie wie E-Autos, brauchen Fahrzeuge, die allein mit synthetischen Kraftstoffen fahren, sechsmal so viel Energie. Blanker Irrsinn! Selbst das vom Autokartell des Öfteren mit Aufträgen versorgte

IFEU muss zugeben, dass das auch 2030 preislich noch nicht eingenordet ist, was da so an Verflüssigungsfantasien abgeht. Die »fossilen Alternativen« seien billiger.[47]

Als Anwendungsgebiet wird die besonders dreckige Luft- und Frachtschifffahrt angesehen, die man mit solch teuren Kraftstoffen versorgen will, wenn Diesel, Kerosin und Schweröl mal so teuer werden, dass man sich solche Verfahren profitlich leisten kann. Es geht dabei wieder nicht darum, die Luft, die See oder die Menschen zu schützen, sondern einen Kraftstoff zu haben, wenn das Öl irgendwann ausgeht, was es sicher tun wird. Aber sich zu fragen, ob es nicht sinnlos ist, Güter superbillig immer weiter immer mehr über die Meere zu schippern und Passagiere durch die Luft zu katapultieren, kommt diesen Damen und Herren, auch denen von der Agora-Verkehrswende, nicht in den Sinn.

Wir haben es hier mit Forschung und mit Forschern, aber auch mit Politikern zu tun, die sich gar nicht vorstellen können, aus dem Hamsterrad des maßlosen Kapitalismus auszusteigen und einfach mal zu sagen: Schluss mit der Verschwendung, weg mit der Geschwindigkeit, den PS und den SUVs! Das Fischer-Tropsch-Verfahren diente den Panzern und Flugzeugen der Nazis für die Welteroberung; jetzt beziehungsweise in ferner Zukunft soll es offensichtlich dem Drogenkartell dazu dienen, seine SUVs weltweit zu befeuern.

Fetisch 3: Vernetzung, Digitalisierung und autonomes Fahren

Seit Jahrzehnten faseln die Agenten des Drogenkapitals von der Vernetzung der Verkehrsmittel, welche die Lösung bringe. Man fragt sich: Lösung wofür?

Das verbindet sich gern mit einem anderen Fetisch, dem der »Verflüssigung« des Verkehrs. Der Glaube war ja mal: Je mehr Straßen man baue, umso mehr Verkehr werde verflüssigt. Dabei ist es gerade umgekehrt: Je mehr Straßen man baut, umso mehr Verkehr induziert man, umso mehr Stau produziert man. Heiner Monheim nennt dazu das Beispiel der Tauben auf dem Markusplatz: Je mehr Futter man anbietet, desto mehr Tauben fliegen auf (und scheißen) einen zu. Der maßlosen Bewegung des Kapitals und des Verkehrs, können wir mit immer mehr Straßenbau nicht begegnen.

Oder um das schöne Beispiel von Goethes *Zauberlehrling* zu bringen, der den Besen programmiert, Wasser zu holen und in ein Becken zu schütten. Es nützt nichts, das Becken immer größer zu machen, wenn der Besen nicht aufhört, Wasser zu bringen (also falsch programmiert ist). Vielleicht sollte man einfach mal den Besen stoppen.

Damit kommt die Vernetzung ins Spiel. Verkehrsmittel sollen vernetzt werden. Das kann durchaus sinnvoll sein, ein integrierter Taktverkehr (ITV) der Bahnen und Busse wie in der Schweiz bringt einen praktisch an jeden Ort des eidgenössischen Alpenlands, ohne das Kfz nutzen zu müssen. Leihfahrräder oder Pedelecs am Bahnhof bewirken Ähnliches. Doch ein Motorisierter bleibt gern motorisiert und steigt aus seinem Kfz nur aus, wenn er möglichst nahe an seinem Ziel ist. Umsteigen tun Carieristen sehr ungern, schon gar nicht auf öffentliche Verkehrsmittel. Und kann man es sich leisten, ist man dienstlich unterwegs, fliegt man und nimmt sich vor Ort einen Mietwagen. Oder man lässt sich mit dem Dienstauto herumkutschieren, das ein Fahrer steuert. Was die Vernetzung nicht leisten kann, ist die Zähmung des motorisierten Individualverkehrs, wenn die Vernetzung nicht durch äußere Umstände verlangt, ja erzwungen wird.

Park-and-Ride-Plätze an S-Bahnen oder außerhalb der Stadt führen dazu, dass ein Drittel mehr Menschen die S-Bahn benutzen, ein Drittel trotzdem Auto fährt und ein Drittel erst jetzt mit dem Auto zu dieser Kfz-Abstellfläche fährt. Es sein denn, dieser Park-and-Ride-Platz bedeutet Ende Gelände, mit dem Auto geht es nicht weiter, weil die Innenstadt für den motorisierten Individualverkehr gesperrt ist. Vernetzung klappt also beim MIV nur unter verschärften Umweltbedingungen.

Jahrzehntelang wurde ebenfalls die satellitengesteuerte Verkehrsverflüssigung, die »Telematik«, propagiert. Kaum jemand kennt den europäischen Affen noch, dem da Zucker gegeben werden sollte, denn dieser ist sehr leise geworden: »Galileo« hieß das Allheilmittel, es sollte schon vor über 10 Jahren starten und mit 30 Satelliten dem Global Positioning System (GPS) der USA Konkurrenz machen. Es fehlen immer noch vier Satelliten, und statt ursprünglich 2,2 Milliarden Euro vor 20 Jahren ist das Projekt inzwischen auf gut 10 Milliarden Euro angesetzt. Was hätte man mit diesem Geld an Rad- und Fußwegen bauen können! Im Einsatz ist daher immer nur noch das GPS, das aber Staus und deren Zunahme nicht verhindern konnte – genauso wenig, wie »Galileo« das verhindern wird. Auch diese Systeme machen das Becken nur etwas größer – und teurer –, stoppen aber den Besen nicht.

Damit sind wir beim nebulösesten Fetisch, der »Digitalisierung«. Im Koalitionsvertrag der Bundesregierung von 2018 kommt das Substantiv »Digitalisierung« 93-mal und das Adjektiv »digital« gar 148-mal vor. »Angela Merkel droht, ›was immer digitalisiert werden kann, wird digitalisiert werden‹.«[48] Und im Papier des Städtetages zur »Verkehrswende« kommen »digital« und »Digitalisierung« 33-mal auf 40 Seiten vor.[49] Viele quasseln davon, ohne auch nur eine Ahnung zu haben, was das genau bedeutet.

Der Industriesoziologe Josef Reindl, der mittelständische Betriebe bei der Bewältigung von Industrie 4.0, dem sogenannten Internet der Dinge, und der Digitalisierung berät, schreibt dazu:

»Nun ist Digitalisierung eigentlich ein technischer Begriff, der die Umwandlung analoger Größen in digitale Repräsentationen bezeichnet, ein Prozess, der über die Stationen Semiotisierung, Formalisierung und Algorithmisierung verläuft. Es ist kaum anzunehmen, dass unsere Politiker, aber auch Wirtschaftsbosse und Medienleute, die Gesellschaft in ein Technikseminar schicken wollen. Sie meinen etwas anderes, wenn sie von Digitalisierung sprechen. Sie sprechen nicht von einer Praxis, über deren Sinn und Form man sich streiten kann und soll, nicht davon, wie man diese Technik sinnvoll einsetzen kann, sondern von einer mystischen historischen Kraft, vor deren Unausweichlichkeit man schon kapituliert hat. Da ist viel magisches Denken im Spiel.«[50]

Hinter dem lauthalsen Postulieren der »Digitalisierung« hat sich die Annahme eingenistet, »man könne alle Probleme mit dem richtigen Programm lösen, ohne die mühsame Abwägung von Interessen oder eine öffentliche Verständigung über gemeinsame Ziele«.[51] Und in diesem Zusammenhang taucht schon fast naturgesetzlich auch der Begriff »Autonomie« auf.

»Kant bestimmt Autonomie einerseits als freien Willensakt und andererseits als eine Wahl, die die Gesellschaft – den Anderen – mitberücksichtigt. In seinem Autonomiebegriff ist schon das allgemeine Sittengesetz enthalten. Es mutet von daher äußerst seltsam an, dass sich dieser Begriff in einem Technikdiskurs wiederfindet. Denn Maschinen können weder einen Zweck in sich – eine causa finalis – tragen, noch in freier Entscheidung etwas durchführen, also auch keine Verantwortung übernehmen, geschweige denn über die Folgen ihrer Entscheidungen reflektieren oder Anderes und Andere mitdenken.«[52]

Reindl spricht hier zurecht von Animismus. Wir »beleben« die Maschinen und projizieren unser Denkvermögen auf sie, beseelen sie faktisch. Es findet hier also eine Fetischisierung statt, eine Verkehrung von Ursache und Wirkung. Karl Marx spricht vom Warenfetisch[53] beziehungsweise vom Geld- und Kapitalfetisch. Es werden Dingen Eigenschaften zugeschrieben, die sie gar nicht haben.

Und schon sind wir beim »autonomen Fahren«: Auch hier soll die Technik die Lösung bringen und nicht menschliches Handeln. Autonomes Fahren soll unsere Verkehrsprobleme lösen, also den steigenden Verkehrsaufwand und die steigende Verkehrsleistung verflüssigen. Es soll also wieder das Becken des Zauberlehrlings »digital« erweitert, aber der Besen nicht gestoppt werden. Wir nehmen an, dass es tatsächlich völlig autonom fahrende Fahrzeuge geben wird. Aber das wird nicht vor 2050 sein – für die unmittelbare Zukunft ist das also irrelevant.

Gleichzeitig wird angenommen, dass autonom fahrende Fahrzeuge »öffentlich« unterwegs sind, also für mehrere Menschen ein Fahrzeug unterwegs ist. Das klappt aber nur, wenn man die individuelle Fortbewegung mit autonomen Fahrzeugen beschränkt beziehungsweise nicht zulässt. Denn sofort entstehen wieder Rebound-Effekte. Käuferinnen und Käufer von autonomen Autos fahren mehr, weil sie es sich leisten können, so neuere Studien.[54] Und die Fahrerin, die keine mehr ist, macht jetzt tausend andere Dinge im autonomen Kfz, arbeitet, liest, schaut Videos et cetera. Das heißt, sie wird sich viel mehr im Fahrzeug aufhalten, also auch viel mehr fahren als früher. Schon ist wieder Verkehr induziert.

Und auch diese individuellen Kfz brauchen viel zu viel Parkplatz, Verkehrsraum, verbrauchen Energie, haben mindestens in der Produktion Emissionen und verletzen Menschen oder töten sie gar. Denn sie sind nicht besser als Menschen, weil sie ebenfalls den Gesetzen der Physik unterworfen sind. Kinder, die plötzlich vors Auto springen – wir wissen, im Grunde ist es umgekehrt –, werden ebenso überfahren wie von menschlichen Lenkern. Stellen wir uns zudem ein autonomes Fahrzeug vor, das – angenommen die Blechabstellverhältnisse bleiben unverändert – einen Parkplatz sucht und nicht findet: Das kurvt ständig um den Block.

Das Einzige, was auch hiergegen hilft, ist die massive Reduktion der Geschwindigkeit und die radikale Reduktion des motorisierten Individualverkehrs inklusive des Parkraums. Die Stadt muss vom MIV befreit werden, egal ob autonom oder menschgesteuert. Daraus folgt: Autonome Autos müssen ebenso kurzgehalten werden wie das Kfz überhaupt, denn sie bringen nichts als massenhafte Individualfahrzeuge. Und im Busbetrieb kosten sie – sollten sie sich massenhaft durchsetzen – zumindest zahlreichen Fahrern den Job. Vergleichbares gilt für die Taxifahrer. Zudem kommt ein altes Problem auf, das es in Postkutschen gab und in den ersten Eisenbahnen, die noch keine Verbindungsgänge zu den Abteilen hatten, und das auch das Trampen »spannend« machte: Man sitzt plötzlich vielleicht nur einer oder zwei Personen gegenüber in dem autonomen Ding – das kann Angst erzeugen oder schlimm enden.

Noch einige Beispiele: Die Digitalisierung des Autos hat bislang zu mehr Energieverbrauch geführt. Schon jetzt verfügen Kfz über unglaublich viel energiehungrigen Schnickschnack – Elektromotoren für die Heckklappen und die Lenkradverstellung, elektronische Fahrassistenten und Motorsteuerung, Bordcomputer und Displays. Die Digitalisierung bringt hier allen Behauptungen zum Trotz keine Effizienz, sondern bewirkt das Gegenteil! Diese Zusatzfunktionen benötigen »all jene metallischen Rohstoffe, deren Verbrauch im Zuge der allgemeinen Digitalisierung stark ansteigt«.[55]

Die Digitalisierung kann zudem gefährlich werden, wenn keine Rückfallsysteme eingebaut sind. Das European Train Control System (ETCS) ist ein digitalisiertes Zugführungssystem, zum Beispiel auf der Hochgeschwindigkeitsbahnstrecke von München nach Berlin. Bei dessen Einführung 2018 kam es zu erheblichen Problemen, die Züge waren Stunden verspätet und kamen teils gar nicht an. Warum? Es gibt keine Signale mehr und funktioniert das System nicht, kann der Lokführer nicht mit der älteren – nicht unbedingt veralteten – Signaltechnik fahren. Der Verzicht auf Rückfallsysteme macht eine solche Technik hochanfällig.

Ähnliches bei Stuttgart 21. Die Tunnels wurden verkleinert, es passen keine Signale rein. Alle Züge, auch die ältesten, müssen jetzt mit ETCS ausgerüstet werden. Das ist sehr teuer, und wenn das System ausfällt, gibt es auch keine Rückfallebene mit Signalen – der Zug bleibt stehen. Und wenn er brennt, dann gute Nacht. Auch die neue Boeing 737-Max hatte keine Rückfallebene. Die Piloten waren machtlos und die Maschinen stürzten ab.

Überhaupt Tunnel: Tunnelprojekte für die Bahn – selbst wenn sie noch so digitalisiert sind – bringen nichts, wenn man die Kapazität verkleinert, den Brandschutz schleifen lässt, den Bahnsteig schief macht und Milliarden sinnlos vergräbt, die überall sinnvoller hätten eingesetzt werden können. Und oben gibt's dann wieder mehr MIV.

Und dann der Bärs, Dorothee ihr Lieblingsprojekt: Autonome Flugtaxis. Wer kann das bezahlen und wer sorgt dafür, dass dieser Schwachsinn nicht den Himmelsstau, den Himmelscrash und den Himmelssuperdreck produziert? Die Dorothee und der Andi bestimmt nicht, die sind dann längst in Rente oder gestorben.

Weder die Digitalisierung noch das autonome Fahren sind Patentlösungen. Im Gegenteil, sie sind dazu geeignet, das Hamsterrad sich weiterdrehen zu lassen, dem Besen immer größere Überflutungen zu ermöglichen, und sie tragen auch zur Energieverschwendung bei, wenn sie nicht von uns gezügelt beziehungsweise richtig eingesetzt werden. Für uns heißt das: Nicht die Maschinen machen die Verkehrsrevolution, sondern nur wir, indem wir die Maschinen entfetischisieren, sie richtig nutzen und ihnen die Grenzen aufzeigen, sie vielleicht auch nicht nutzen, wenn sie nichts taugen. Auf jeden Fall müssen wir den Besen stoppen und nicht ständig versuchen, das Becken digital zu vergrößern. Das dürfte allerdings letztlich und optimal nur außerhalb des Kapitalverhältnisses möglich sein.

Fazit

Technik an sich bringt keine Lösung, und Wunder vollbringt sie schon gar keine. Weder ist es zielführend, die ständig wachsende Flotte an Kfz und an SUVs durch Elektroautos einfach zu ersetzen, noch bringen andere »Wunderwaffen« wie Hybrid-, Wasserstoff- oder Brennstoffzellenautos energetisch Vorteile. Sie dienen bislang dem Drogenkartell nur als Rechtfertigung, um weiter so, immer mehr, immer schwerere und immer PS-stärkere Kfz profitgierig zu produzieren, die Maßlosigkeit nur mit anderen Antrieben fortzusetzen. So sei nur darauf hingewiesen: 1998 hatten Pkws in der BRD durchschnittlich 100 PS, 2008 waren es schon 130 PS und 2018 über 150 PS.

Auch Animismen, wie »Telematik«, »Digitalisierung« und »autonomes Fahren« sind keine Heilmittel per se. Falsch eingesetzt perpetuieren sie das Hamsterrad. Und genau das ist ja auch das Interesse des Kapitals und des Kartells. Einem solchen Fortschritt muss dringend auf die Füße getreten werden.

7 Die große Chance – Rettung naht

»Wir müssen diese Energie der Anti-Atom- und Anti-Kohle-Kämpfe nutzen und uns auf eine Anti-Auto-Gesellschaft zubewegen. Vergessen wir nicht, dass Umweltbewegungen vor 20 Jahren nicht immer die Guten waren. Es dauerte Ewigkeiten, bis der Klimadiskurs stärker in Resonanz geriet. Wir müssen erkennen, dass wir zu einer Position zurückkehren müssen, in der uns die Leute so ansehen, als wären wir verrückt – gerade weil die Gesellschaft wirklich verrückt ist.«

(Tadzio Müller, Umweltaktivist)

Chancen

Auf der ganzen Welt gehen Schülerinnen auf die Straße, schwänzen am Freitag die Schule, um den Planeten zu retten. Dies lässt hoffen. Entscheidend ist, ob hierbei Blochs Bedingungen für eine Veränderung erfüllt sind: Jugend, Produktivität und Zeitenwende. Jugendbewegungen gab es schon viele und Umweltproteste ebenfalls.

In Deutschland erkämpfte die Antiatombewegung die Abschaffung der Kernenergie, es brauchte 35 Jahre sowie zwei echte GAUs (Tschernobyl und Fukushima) und einen Beinahe-GAU (Harrisburg). Andere Bewegungen scheiterten, etwa gegen die Startbahn West. Andere Initiativen wie die Friedensbewegung lösten sich durch den Verfall der Sowjetunion auf. Dann gab es die Achtundsechziger, die Hausbesetzer, die Bewegungen gegen die Banken oder gegen G 20. Es entstanden die Grünen und Attac, Occupy, und vieles verebbte wieder oder korrumpierte sich. Manches in Europa ist disparat, nicht nur von der Jugend oder Umweltaktivisten getrieben, wie die Gelbwesten in Frankreich zeigen. Und natürlich darf man die ganzen rechten Massenbewegungen Europas nicht vergessen. Doch es gibt Gegenströmungen.

Der Kampf im Hambacher Forst versus den menschenfeindlichen Braunkohleabbau war ein neuer erster Lichtpunkt: Hier gab es einen Erfolg, zumindest Aufschub. Initiativen können durchaus erfolgreich sein: 2001 verhinderten wir von Frankfurt 22 das Milliardengrab Frankfurt 21 – ein Stuttgart 21 vergleichbares Projekt –, retteten 2006 durch den Massenzulauf der Anwohner eine Tramlinie gegen eine teure U-Bahn. Die Straßenbahn blieb, die U-Bahn wird jetzt oberirdisch geplant – und zwar dort, wo sie wirklich gebraucht wird, und sie räumt keinerlei Platz für die Kfz frei.

Die Situation des Planeten, besser der Menschheit, hat die Jugend global auf den Plan gerufen. Wenn sie ihre Bewegung stärkt, ihren Forderungen Stimme verschafft, Massenaktionen und nicht nur Schulstreiks zustande bringt, aber auch spontane, witzige, aufsehenerregende und Zustimmung erheischende Aktionen unternimmt, dann könnte sie sich mit anderen neuen Aktionen junger und älterer Erwachsenen verbinden und der Protest könnte wirksam werden.

Aber: Wer gegen die Klimakatastrophe kämpft, muss gegen das Auto sein. In den ersten Forderungen von Fridays for Future taucht das Auto noch nicht auf, aber es nähert sich, es liegt zum Greifen nah es endlich anzugreifen – weil es immer mehr und immer heftiger die Katastrophe vorantreibt. Wenn diese Jugendbewegung das Kfz nicht als Ziel von Brandanschlägen, sondern als Angriffspunkt zum Beispiel auch zivilen Ungehorsams für sich entdeckt, ließe sich viel bewegen.

Angriffspunkte

Heinrich Stößenreuther, Initiator des Berliner Radverkehrsgesetzes, von der Agentur für clevere Städte fordert: »Tatsächlich brauchen wir viel häufiger neue Gestaltungsprinzipien mit pfiffigem Old-Tech als smartes High-Tech, digitale Überwachungswelten und die Fortschreibung etablierter Technik-Pfade.«[1]

Hauptangriffspunkt muss das Hamsterrad des Kapitalismus sein: *die Geschwindigkeit*. Erstes Ziel wäre eine Geschwindigkeitsbegrenzung auf deutschen Autobahnen, aber nicht nur da, sondern auch eine schärfere auf Landstraßen, wo es die meisten Toten gibt, sowie in der Stadt. Würde dieser erste Schritt mit 120 km/h, 80 km/h und 30 km/h gelingen, wäre das Kartell schwer getroffen, die ganze Welt würde auf Deutschland schauen, das trojanische Pferd im Vorhof des Kartells wäre installiert. Denn dann hätten die SUVs, die Porsches, die BMWs und die Daimlers ihre letzte Raserbasis, ihren tödlichen Geschwindigkeitsflugzeugträger verloren. Der Stahlmantel des Systems Auto wäre an seiner verwundbarsten Stelle getroffen – Menschenleben würden gerettet und CO_2 vermieden.

Die Reduzierung der Geschwindigkeit ist also der erste Schritt, das deutsche Drogenkartell auszuhebeln. Das große, vielleicht noch ferne Ziel muss die *Ent-Karre-sierung* oder *De-Car-isierung* sein – aber die ersten Schritte dahin müssen weit vor der Dekarbonisierung gemacht werden. Unterschiedliche Aktionen sind denkbar, brauchen aber Medien- und Massenwirksamkeit. Was aber nicht zum Ziel führt: das Blech demolieren oder dessen bekloppte Fahrer angreifen.

Ein weiteres Ziel heißt: *Rückeroberung des Stadt- und insbesondere des Straßenraumes.* Hier gilt einerseits: Der Köder muss denen schmecken, die man fangen will, und nicht uns selbst. Viele Menschen in der Stadt leiden unter dem Kfz-Verkehr, je ärmer umso mehr, da Geringverdiener oft an verkehrsreichen Straßen wohnen.

Das Engagement für *mehr Radverkehr* wird beispielsweise von den meisten Menschen positiv bewertet. Vielleicht kommt zwar der Einwand, wie gefährlich so manche »Kampfradler« seien, aber eine neue Radkultur bringt sicher auch mehr Raddisziplin – weil eben dem Rad und seinen Fahrern mehr Raum gegeben wird, sie nicht mehr auf dem Gehsteig die Fußgänger bedrohen müssen. Für Radfahrwege werden zwar ungern Parkplätze geopfert, aber die Akzeptanzschwelle ist wesentlich niedriger, als zum Beispiel ÖPNV-Projekten wie einer neuen Straßenbahnlinie zuzustimmen. Aber auch diese muss man durchsetzen, zudem leisere Fahrzeuge fordern und gleichzeitig deutlich machen, dass jede Tram weniger Pkw und damit weniger Lärm und CO_2-Ausstoß bedeuten. Insgesamt heißt das also: Rückeroberung des vom Auto okkupierten Parkraums. Forderung nach strenger Parkraumbewirtschaftung und Verbot des Gehwegparkens.

Die meisten Menschen werden diese Forderungen akzeptieren, aber viel zu viele sind eben auch Drogisten, Junkies, und denen muss man endlich die Grenzen aufzeigen:

Die SUVs müssen weg! Noch werden die zwar immer zahlreicher, aber die Wut auf diese Drogenpanzer wird immer größer.

Daher kann folgende Forderung positiv kommuniziert werden:

Weg mit der Nullrechnerei der Elektroautos zugunsten der PS-Dreckschleudern.

Der nächste Schritt müsste heißen:

Alle Privatautos müssen raus aus der Stadt!

Hier einige Vorschläge für Handreichungen, Fußaufgaben, Flashmobs, Rad-Action et cetera:

- *SUVs versaufen lassen:* Denkbar ist, SUVs in Plastikfolie einzupacken und mit Paketband zuzukleben. Oder Klimazettel in Form von Strafmandaten an der Windschutzscheibe zu befestigen: »Sie verbreiten Giftgas und schädigen den Planeten!« Aufkleber sind auch ein beliebtes Mittel, seinen Protest kundzutun: »SUVs töten« oder »SUVS vergiften die Welt«, »SUVs heben den Meeresspiegel«, »SUVS verursachen Dürren, Wirbel- und Schneestürme«, »SUVs müssen draußen bleiben!« et cetera. Härtere Aktionen bei stehenden – das tun sie die meiste Zeit – SUVs praktizieren die Anonymen Klimaschützer: Sie lassen einfach die Luft raus, für den Klimaschutz und generell bei Gehweg- und Fahrradwegparkern. Schildchen mit der Warnung »Parke nicht auf unseren Wegen!« unter den Scheibenwischer zu klemmen oder selbstklebend anzubringen, solange sie sich abmachen lassen, ist sogar höchstrichterlich erlaubt. Stehen Kfz auf dem Fahrradweg, könnte man vielleicht mit Rasierschaum den weißen Streifen des Fahrradwegs über das Auto ziehen. Auch gibt es neuerdings die Wegeheld-App mit der man Radwegparker ganz legal anschwärzen, bzw. beim Ordnungsamt anzeigen kann.

- *Gehzeuge in Aktion:* In Paragraf 25 der StVO heißt es: »Wer zu Fuß geht und Fahrzeuge oder sperrige Gegenstände mitführt, muss die Fahrbahn benutzen, wenn auf dem Gehweg oder auf dem Seitenstreifen andere zu Fuß Gehende erheblich behindert würden.« Entsprechend wäre das Gehen mit Gehzeugen auf der Straße legal.

Abbildung 33: Hermann Knoflacher, Pionier der De-Car-isierung, sitzend in seinem Gehzeug. Quelle: Wikipedia.

- *Die-ins:* Eine größere Menge Leute legt sich auf die Straße oder einen Platz und demonstriert gegen die Verkehrs- beziehungsweise Klimaopfer.

Abbildung 34: Massen-Die-in auf dem Gendarmenmarkt von Extinction Rebellion am 27. April 2019. © B.Sauer-Diete/bsdphoto.

- *Swamming:* An Kreuzungen – möglichst nicht gerade den besonders verkehrsreichen – werden 7 Minuten lang die Fußgängerüberweg besetzt. So lange dauert es in der Regel, bis die Polizei kommt. Die Zeit wird auf Tafeln von 7 bis 1 heruntergezählt, und es werden Flugblätter an die Autler verteilt. Taucht die Polizei auf – die Beamten zeigen oft Verständnis –, geht es zu Fuß und eilig zur nächsten Kreuzung. Allerdings ist die Polizei nun schneller da. Dann hängt es von der Kulanz der Beamten ab, ob man angezeigt wird.

- *Blockaden:* Länger dauernde Blockaden sollten ebenfalls nicht auf großen Kreuzungen stattfinden, sondern eher auf mittelgroßen, dafür aber umso länger, vielleicht mit Showwürfeln und Plakaten. *Ende Gelände*, eine Gruppe gegen den Kohleabbau in München, macht so etwas. Man beginnt als eine Demonstration, teilt sich dann auf, umgeht so eventuelle Sperren und sammelt sich an vorher bestimmten Punkten. Auch hierbei hängt es von der Polizei ab, ob man in Ruhe gelassen wird. Es empfiehlt sich, so eine Aktion vorher anzumelden -- meist wird sie genehmigt. Und noch wichtiger: vorab die Medien informieren und dafür sorgen, dass Zeitungen, Radio- und Fernsehsender, Morgenmagazine et cetera darüber berichten. Solche Öffentlichkeit beschleunigt den Zulauf zu den Gruppen. In London gibt es bereits seit Jahren riesige Extincion-Rebellion-Aktionen an großen und verkehrsreichen Kreuzungen, die große Aufmerksamkeit erhalten.

Abbildung 36: extinction rebellion.

- *Dance-ins:* Tanzen auf der Straße. Dabei kann durchaus Spaß aufkommen und die Angst verschwinden. Auch hierbei sollten vorab immer die Medien und eventuell auch die Polizei informiert werden.
- *Bridge Over Deadly Traffic:* Transparente auf Autobrücken, unter denen die Autos durchfahren müssen. Flugblätter an die Carieristen.
- *Parking Day:* Hierbei werden Kfz-Parkflächen kurzfristig zu grünen Oasen umfunktioniert – mit Sitzflächen, Stühlen, So-

fas und Tischen. Den Parking Day gibt es in der Regel einmal im Jahr am dritten Freitag im September und hier in ganz Europa.

- *Autoattrappe:* Eine weitere Möglichkeit besteht mit 1:1-Autoattrappen, auf der Straße zu gehen, um die Absurdität des Flächenverbrauchs zu demonstrieren.

- *Radentscheide:* Was wollen Radentscheide erreichen? Sichere Radrouten und Schulwege, eine fahrradgerechte Stadt, besondere Sicherung an stark befahrenen Straßen und Kreuzungen. Autobefreite Fahrradrouten und Befreiung von zugeparkten Radrouten. Mindestens drei Kreuzungen pro Jahr sicher machen, Tausende neue Fahrradplätze, grüne Welle nur für Tram, Bus und Rad. »In immer mehr Städten in Deutschland schließen sich Menschen in sogenannten Radentscheiden zusammen, um den Radverkehr in ihren Städten voranzubringen und gesetzlich zu verankern. Berlin hat als Vorreiter mit dem »Volksentscheid Fahrrad« erfolgreich ein Radgesetz durchgesetzt, das viele ADFC-Forderungen aufgreift. Auch in Bamberg wurden Ziele des Radentscheids beschlossen und sollen mit einem Maßnahmenpaket unterfüttert werden. Ob in Hamburg, Stuttgart, Frankfurt, Darmstadt oder in NRW: Die Radentscheide kommen in Fahrt. Die Stärken des Radverkehrs liegen auf der Hand: Sie können Städte verändern, wenn die Infrastruktur entsprechend für Radfahrende ausgebaut wird. Das zeigen Amsterdam und Kopenhagen, aber auch Karlsruhe oder Göttingen.«[2] Wer einen Radentscheid lostreten will, braucht Spenden und Profis, mindestens einen Juristen, einen Medienspezialisten und einen langen Atem. In Frankfurt etwa verhielt sich die Dreierbande aus CDU, SPD und Grüne jedoch destruktiv und wehrte eine Unterschriftensammlung für ein Bürgerbegehren, die statt der erforderlichen 15 000 in wenigen Wochen sogar 40 000 Stimmen zusammengebracht hatte, ab, nachdem sie die Initiative neun Monate hatte warten lassen. Auch in Bamberg und Darmstadt kämpfen die Aktivisten gegen unfähige und autoaffine Stadtregierungen, denen noch viel mehr der Marsch geblasen und die Leviten gelesen werden muss mit Aktionen, Aktionen, Aktionen. Verkehrspolitiker wie in Frankfurt und all den anderen Städten, die Radentscheide abblocken und damit ihr eigenes Versagen belegen, gehören zusammen mit Musks Auto auf den Mars geschossen. Zum Glück gibt es inzwischen in zahlreichen Städten Radinitiativen: Hamburg, Stuttgart und im Land Nordrhein-Westfalen. Karlsruhe, Göttingen und Münster sind schon vorangefahren.

- *Critical Mass:* 15 Radfahrer dürfen als Pulk nebeneinanderfahren – das sollte viel öfter genützt werden. Dreimal 15 Radfahrer können leicht dreispurige Autostradas in der Stadt blockieren. Auch solche Aktionen sollten zunehmen, und überhaupt sollten Fahrradfahrer öfter nebeneinander fahren – auch wenn sie offiziell den Kfz-Verkehr nicht behindern dürfen.

- *Kidical Mass:* Für solche Aktionen muss man die Eltern ins Boot holen. Man macht angemeldete – von der Polizei geschützte – Fahrraddemos mit Kindern über sonst von Autos befahrene Straßen: Die Kids dürfen dabei rote Ampeln überfahren und müssen nicht auf Radwegen dahindümpeln. Viel Spaß ist garantiert. Hinterher sollen die Kinder Briefe an die Stadtoberen schreiben und Maßnahmen fordern, damit sie in Zukunft sicher zur Schule fahren können.

- *Größte Rad-Sternfahrt der Welt:* In Berlin gibt es die ADFC-Sternfahrt als weltweit größte Fahrraddemo. Jedes Jahr im Juni demonstrieren mehr als 100 000 Menschen für bessere Bedingungen für den Radverkehr und die gleichberechtigte Nutzung des Fahrrads als Verkehrsmittel. Die »Sternfahrt ist Protest gegen schmutzige Luft in Städten und Gemeinden, deren Verkehr noch immer fürs Auto geplant wird. Wir fordern von den in der Politik und der Verwaltung Verantwortlichen, die Verkehrswende und den Klimaschutz ernsthaft anzugehen!«[3]

- *Besuch bei der IAA:* Alle zwei Jahre findet in Frankfurt die Internationale Automobil-Ausstellung (IAA) statt, eine der größten Anfixer-Messen für den totalen automobilen Drogenkonsum, die totale Mobilmachung mit immer mehr PS-Monstern, Tötungs- und Killermaschinen, Krüppel- und Witwenmachern. Die IAA wird immer mehr Ziel von Aktivisten, die gewaltlos diesen mobilisierten Müll aus Stahl, Öl und Lithium angreifen. Hier kann man alles versammeln, was die wirklichen Nullemissionäre zu bieten haben: Fahrraddemos und Blockaden.

Ganz wichtig ist bei allen Aktionen, Aggressionen zu vermeiden, denn Autler werden schnell stinkig. Auch Tankstellen sollte man sich nicht unbedingt für Protestaktionen auswählen, beim Tanken ist der Carierist besonders angespannt, die Pächter stehen ökonomisch mächtig unter Druck und neigen zum Ausrasten. Außerdem fürchtet die Polizei dort immer gleich Explosionen, ist schnell vor Ort und dann auch nicht sehr kooperativ. Gewalt ist sicher kein Beitrag zur Lösung, kreative und witzige Aktionen dagegen schon.

Justiz

Auch wenn die Kommunen oft noch blockieren, die Justiz scheint langsam aufzuwachen. Fahrverbote, Anklagen und Haft gegen Autochefs, Verurteilungen wegen Mordes gegen Raser und die Androhung, auch Politiker verhaften zu lassen, sind Neuland im vereinten Deutschland. Hingegen hat das Bundesverfassungsgericht in Sachen Verkehrspolitik bisher versagt, weil es die Aufhebung des staatlichen Gewaltmonopols durch die Gesamtheit der Autofahrer billigt und nicht den Schutz der körperlichen Unversehrtheit vor das Recht der Carieristen gestellt hat, die Straße für sich zu erobern – das ihnen einst Hitler und Freisler mit der von ihnen geschaffenen noch heute geltenden Straßenverkehrsordnung verschafft haben.

So können die Autler weiterhin Menschen totfahren, und zwar bei geringer Strafe: Meist kostet das – als fahrlässige Tötung – nur etwas Geld, zwischen 1 500 und 2 500 Euro, höchstens ein paar Monate Bewährung und ein paar Monate den Führerschein. Ernsthaft wird der Carierist oft erst dann verfolgt, wenn er »Fahrerflucht« begeht, was richtig »Unfallflucht« heißt – als ob es je ein anderes Verbrechen gegeben hat, bei dem die Flucht bestraft wird. Der Rest ist aufs Zivilrecht, auf die Versicherungen geschoben. Da wird der Tod oder das Verkrüppeln mit einem hohen Betrag bepreist – schon ist man raus aus dem sonst so hart sanktionierten Verbrechen des Tötens.

Dennoch scheint die Rechtsprechung – noch nicht die Damen und Herren in der roten Robe – langsam aufzuwachen. Mehrere Raser wurden inzwischen wegen Mordes verurteilt. Auch wurde das Recht gegen Raser verschärft: Beschlagnahmungen und Versteigerungen von fahrbaren Verletzungs- und Mordgeräten sind jetzt möglich, wie das in der Schweiz schon lange praktiziert wird. So wurde im April 2019 in Hamburg das erste Motorrad eines Rasers, der mit 226 km/h unterwegs war, eingezogen und versteigert – man hätte es entsorgen sollen. Doch nicht nur die Raser müssen weg, sondern der gesamte Automobilismus. Denn die Raser sind nur ein willkommener Fixpunkt der »vernünftigen« Carieristen – die Sündenböcke, auf die man die Folgen des eigenen Gasgebens abwälzen kann. Das Bundesverfassungsgericht müsste deshalb sein Urteil revidieren, dass Autos grundsätzlich keine Waffen sein können. Die Selbstmord- oder nur Mordattentäter allerorten haben nämlich gezeigt, dass das Kfz eine starke Waffe ist.

Die Restjuristerei müsste noch mehr durchgreifen und für Diesel-, Feinstaub- und Klimagate noch mehr Chefs des Autokartells belangen, Politiker festnehmen lassen, die EU Geschwindigkeitsbeschränkung durchsetzen und die eingebaute Vorfahrt kippen. Denn nach Paragraf 25 der StVO haben Fußgänger im rechten Winkel und möglichst schnell die Straße zu überqueren. Diese Fessel der aufrecht gehenden Menschheit, der Fußgänger, muss weg – Gerichte müssten diese Regelung als ungesetzlich erklären.

Aber immerhin: Ende 2018 ließ ein Urteil des Bayerischen Verwaltungsgerichtshof aufhorchen, das zum Schutz des Rechtsstaats, weil die dortige Staatsregierung Gerichtsurteile zur Reduktion von Feinstaub und Stickoxide einfach ignorierte, in Erwägung zog, den Ministerpräsidenten Markus Söder und Teile seiner Regierung in Haft nehmen zu lassen. Da der bayerische Landtag – der sich mehrheitlich in der Hand einer Car-Kaderpartei befindet – einer Aufhebung der Immunität nicht zustimmen wird, ist der Europäische Gerichtshof angefragt. Dort könnte man eine Abteilung zur Bekämpfung von Verkehrsverbrechern neben der zur Verfolgung von Kriegsverbrechern einrichten. Schließlich fordert das Kfz mehr Tote als alle Kriege zusammen.

Kommunen

Ganz schwer ist es, die Politik zu beeinflussen, die auf höchster Ebene, der Bundesregierung, eine Art krimineller Vereinigung mit dem Kartell bildet. Schon ein wenig einfacher kann es sein, wenn man Landesregierungen, aber besonders den Kommunen und Stadtregierungen auf die Finger klopft, denn die wissen schon lange nicht mehr, wohin mit all den Autos. Sie reden ständig von »Verkehrswende«, wollen aber nicht ran ans Auto, sie faseln von der Digitalisierung, also allein der Technik, die das Heil bringen soll. Ihnen muss man klarmachen: Wir wollen, dass die Autos draußen bleiben. Man muss ihr Gerede von der Wende beim Wort nehmen.

Denn auch die Dealer in der Politik und der Provinz spüren, dass sie endlich etwas tun müssen gegen das Kfz, dass es so nicht weitergeht, dass Stadt wie Land endlich mehr geschützt werden müssen. Mautsysteme werden angedacht, Luftreinhaltepläne auf Druck der DUH aufgestellt, der Fahrradverkehr wird endlich –

wenn auch viel zu wenig – gefördert, sogar der Fußverkehr wird berücksichtigt, der ÖPNV teils sinnvoll verstärkt, und neue Preissysteme werden überlegt. Geld ist vorhanden, und Geld muss für den Umweltverbund ausgegeben und dem Kfz genommen werden. Jetzt müssen die Kommunen endlich ans Auto! Die Fahrverbotsurteile der Gerichte und die DUH treiben sie vor sich her. In dieses Treiben müssen wir eingreifen.

Es zeigen sich erste Erfolge: In Berlin gibt es ein schwer und mühsam gegen die Parkplatzlobby durchgesetztes Fahrradgesetz, das Chancen hat, in der rot-rot-grünen Koalition vorangebracht zu werden. Berlin ist hier Leuchtfeuer und muss endlich zeigen, was es kann, was es könnte: arm, aber autobefreit. Andere Städte ziehen bereits nach. Amsterdam, Kopenhagen, Münster, Zürich werden zu Vorbildern beim Rad- und Tramverkehr.

Doch das alles ist längst nicht genug. Die Jugendbewegung müsste drängen und Aktionen in der Grauzone machen: nebeneinander Rad fahren, Gehwegparker blockieren, SUVs nicht mehr durchlassen oder einpacken, ihre Besitzer bloßstellen, Schulen von den Autos befreien. Elterntaxis nach Hause schicken. Alles gewaltlos, aber nicht unbedingt straflos. Sie müssten das Auto aus der Stadt drängen, die Straße zurückerobern, dort flanieren, picknicken und all die anderen schon genannten Aktionen nutzen. Diese Entschleunigung müsste von Schülern und Studenten und von hochaktiven flexiblen Anticar-Gruppen ausgehen und bräuchte natürlich eine zentrale Koordination. Kommunen wie Carieristen würden sich wundern.

Ist das Hauptziel einer Tempobegrenzung auf Autobahnen, Landstraßen und im Stadtverkehr erst einmal durchgesetzt, können die nächsten Forderungen folgen. Die müssten dann aber auch Mami und Papi begrüßen – und die Betriebsräte und Gewerkschaften, die NGOs und die teils verkrusteten Ökovereine und Institutionen müssten endlich begreifen, dass sie mehr und radikaler mitmachen müssen beim Kampf gegen das Kartell, gegen eine kriminelle Regierung und gegen Rechtsbrüche, gegen die eingebaute Vorfahrt des Autos und gegen den Massentod. Nur von unten, von der Basis, basisdemokratisch, können das Auto und sein Kartell, kann die Droge besiegt werden. Lebensraumbefreiung: Weg mit dem Kfz-Parkraum! Parallel dazu die Befreiung des öffentlichen und des Bahnverkehrs aus der Klammer des Kapitals. Und die Befreiung des Fahrrads und, last but not least, des Fußgängers.

Dabei muss auch die soziale Frage gestellt werden. Schlechtverdiener wohnen an verpesteten lauten Straßen und besitzen selbst oft kein Auto – vor allem alleinerziehende Mütter leiden mehrfach unter Dreck und Immobilität. Die Autobauer am Band oder in der Industrie 4.0 wohnen ebenfalls in Städten und leiden auch unter dem Verkehr: Sie müssen um Arbeitszeitverkürzungen bei vollem Lohnausgleich kämpfen und um Konversion. Denn kommt das E-Auto tatsächlich, verlieren viele Arbeiter ihren Job – die Leiharbeiter sind ja schon fast alle verschwunden. In den Randstaaten der EU werden die Werke dichtgemacht, wenn es zur Krise kommt, die sich bereits andeutet. Kämpft für die Konversion, die Wandlung zu vernünftigen Mobilitätsprodukten, bevor ihr sowieso rausfliegt!

Die konkrete Utopie einer autobefreiten Gesellschaft

Folgen Sie mir! Wir setzen uns in eine Zeitmaschine, die sich nicht im Raum bewegt, sondern in der Zeit und natürlich mit regenerativem Strom. Wir fahren los, springen Sie auf, surren Sie mit. Denn was jetzt kommt, ist das Ziel, das es zu erreichen gilt – und das erreicht werden kann: die konkrete Utopie. Wir sprechen nicht von Illusion, sondern wir müssen realistisch sein und das Unmögliche fordern. Denn wir haben nicht nur keine Chance, die wir nutzen müssen, wie noch vor ein paar Jahren, sondern die Krise des Drogenkartells gibt uns die reelle Möglichkeit, viel und vielleicht sogar alles umzusetzen.

Wir müssen hier in Europa und Deutschland anfangen – dem Land, von wo aus diese Missgeburt der Moderne ihren Weg in die

Welt fand, maßlos immer größere Kreise zog, den Planeten ver-müllte, die Menschen immer kränker machte, sie tötete und das alles immer noch tut. Manchem wird es utopisch erscheinen, manchem wird es vielleicht Angst machen, aber es kann uns nur von der Angst befreien, verletzt, krank oder getötet zu werden. Wir haben eine Welt zu gewinnen, wenn wir uns von den Ketten des Carierismus befreien.»Scotty, beam me really up.«

8 Die Verkehrsrevolution – das ABC der wahren Mobilität

»Ich werde Ihnen nicht sagen, dass Sie Ihre Anstrengungen beim Klimaschutz beschleunigen müssen. Es gibt keine Anstrengungen.«

(Greta Thunberg, Fridays for Future)

Revolution statt Verkehrswende

Die Verkehrsrevolution unterscheidet sich von einer Verkehrswende dadurch, dass sie nicht nur mehr Bahnverkehr, mehr öffentlichen Personennahverkehr, mehr Radverkehr und Fußverkehr fordert, sondern zugleich weniger motorisierten Individualverkehr, weniger Geschwindigkeit und ganz grundsätzlich weniger Verkehr. Sie fordert die De-Car-isierung primär vor der Dekarbonisierung.

Das bedeutet für *alle* Verkehrsteilnehmer: radikale Entschleunigung, radikal weniger weite Wege für *alle* Menschen und Güter, sprich radikal weniger Auto-, Flug- und Schiffsverkehr. Nur dann können die Klimakatastrophe abgewendet, die Umwelt erhalten und die Milliarden Opfer des Kfz vermieden werden.

- Grundsätzlich heißt das: Entschleunigung statt Beschleunigung, runter vom Gas, kurze Wege für Mensch und Gut, De-Car-isierung vor Dekarbonisierung, Aufhebung der eingebauten Vorfahrt des Kfz, Downsizing aller Kfz, autobefreite Städte, Wiederentdeckung des Landlebens durch menschliche Mobilität, massiver Ausbau und Demokratisierung des Umweltverbunds von Bahn, öffentlichem Personennahverkehr, Rad und Fuß, basisdemokratische Bremsung des Kapitals durch Bekämpfung von Bodenspekulation und Mietwucher sowie die Vergesellschaftung und Zerschlagung des deutschen Autokartells.

Phase I von 2020 bis 2030

Der Weg zu einer autobefreiten Gesellschaft ist lang, aber nicht unmöglich. Viele einzelne Schritte sind für eine erste Phase der Verkehrsrevolution notwendig.

- Tempolimits: 120 km/h auf der Autobahn, 80 km/h auf der Landstraße und ganz wichtig 30 km/h innerhalb geschlossener Ortschaften sowie 15 km/h in Wohnvierteln. Das blaue Schild »Spielstraße« (Verkehrszeichen 325, »verkehrsberuhigter Bereich«) gehört in jedes Wohngebiet! In allen Fahrzeugen, auch den autonomen, wird eine spezielle Software eingebaut, sodass alle Fahrer sich automatisch an diese Beschränkungen halten müssen mit einer Überschreitungsreserve von 10 Prozent. Ein solches dreifaches Tempolimit in Deutschland wäre ein globaler Meilenstein.
- Downsizing: Downzising aller Kfz, hohe Steuern auf große Hubräume und PS-Zahlen. Zusätzlich eine CO_2-Steuer. Beschränkung der PS-Zahl, der Länge und Breite von Privat-Pkw. SUVs und Pick-ups bekommen zusätzlich Aufschläge auf Hubraum und PS-Zahlen (Super-Punishment). SUVs dürfen in Umweltzonen nicht einfahren. Abschaffung der Nullemissionsrechnung mit Elektofahrzeugen. Einmal im Monat ist zudem autobefreiter Sonntag.
- *Autobefreite Innenstädte:* Die Innenstädte sind autobefreit, frühere Parkplätze werden begrünt, den Fußgängern und Radfahrern zur Verfügung gestellt. Park- und Tiefgaragen werden abgerissen oder

umgewidmet. Der Verkehrsraum steht in erster Linie Fußgängern und Radfahrern zur Verfügung. Plätze und Straßen werden wiederbelebt und zu Orten der Kommunikation und nicht des Staus, des Unfalls und der Vergiftung. Trams und Trolleybusse bewegen sich vorsichtig auf ihren Spuren. App-gesteuerte – mit dem ÖPNV koordinierte – Sammeltaxis klauben Passagiere auf und bringen sie elektrisch ans Ziel – Induktion wird angedacht. In der Regel haben solche Fahrzeuge einen Fahrer – autonome Fahrzeuge werden nur als öffentliche Transportmittel zugelassen, zum Beispiel als Kleinbusse. Der Lieferverkehr geschieht mit Citylogistik mittels Lastenfahrrädern und -pedelecs, elektrischen Kleintransportern, Gütertrams mit Mini-Containersystem und, so weit vorhanden, Güter-U- und S-Bahnen. Fußgängernetze führen aus der Innenstadt heraus beziehungsweise in sie hinein, und sie sind barrierefrei, das heißt, an den Querungen der wenigen Straßen abgepollert und mit Zebrastreifen versehen. Fußgängerampeln werden abgebaut, denn sie sind zu teuer, und durch angehobene Zebrastreifen ersetzt. Hinzu kommt eine CO_2-Steuer für alle und überall, gestaffelt nach Verbrauch.

Abbildung 37: Ein Auto entspricht dem Parkraum von 10 Fahrrädern. © Foto des Autors.

- *Parkraumbewirtschaftung I:* Die Kernstadt um die Innenstadt herum hat hohe Parkkosten. Gehwegparken ist grundsätzlich verboten, der übrige Parkraum an der Straße wird stark reduziert. Die Nutzung vorhandener privater Stellplätze und der Bau von Quartiersgaragen, hauptsächlich für die Anwohnerinnen und Anwohner, erfolgt maßvoll. Gleichzeitig vermehrt Auflösung von Parkplätzen für Kfz in allen Wohngebieten, Mischverkehr mit 15km/h. Kinder müssen so, geschützt und ohne Gefahr ihre Schule, ihren Hort, ihre Kita erreichen können.

- *Radfahranlagen:* Es gibt drei unterschiedliche Radfahrwege in der Stadt: Erstens den Mischverkehr mit Fußgängern (Schrittgeschwindigkeit). Zweitens normale Radwege, die vom Straßenraum beziehungsweise früherem Parkraum abgezogen und durch Poller geschützt werden (Höchstgeschwindigkeit 20 km/h). Drittens Radfahrschnellwege, die ungehindert alle Städte und Orte durchqueren (30 km/h innerorts, außerhalb 50).

- An Kreuzungen mit Lichtanlagen haben Radfahrer Vorfahrt, ebenso Fahrzeuge des öffentlichen Personennahverkehrs, die noch vor den Radfahrern queren dürfen. (Höchstgeschwindigkeit 30 km/h).

- Auf allen Straßen innerorts haben Radler das Recht auf Nebeneinanderfahren, Kfz folgen klaglos und ohne Überholen, Software sorgt dafür. Die Geschwindigkeit von Kfz wird farblich nach außen angezeigt. Disziplin beim Radfahren hat sich durchgesetzt, die Regeln werden eingehalten, Verstöße wie beim motorisierten Individualverkehr spürbar sanktioniert. Die Radfahrwege haben an allen Autostraßen zum Schutz eine Abpollerung, sodass für die Kfz noch 3 Meter – Feuerwehr- und Notarztwagenbreite – und in den wenigen Sammelstraßen höchstens 6 Meter bleiben. Radfahrboxen, Radfahrparkhäuser und Abstellgelegenheiten mit Reparaturwerkstätten gibt es in großer Zahl in der Stadt.

Abbildung 38: Entsorgung. © Foto des Autors.

- Pedelecs haben grundsätzlich Geschwindigkeitsbegrenzer und eine Software, die Tempoüberschreitungen vermeidet.

  Ebenso die E-Scooter, die Gehwege keinesfalls benutzen und auf Radfahrwegen nur 20 km/h fahren dürfen – ansonsten gehören sie auf die Straße.

- *Fußgängerzone und -netze:* Ausbau mit vervielfachten hochgebauten Zebrastreifen. Verbreiterung aller Gehwege auf mindestens 3 Meter Breite. Grundsätzlich werden die dem motorisierten Individualverkehr abgenommenen Freiflächen begrünt und entsiegelt, so sie nicht dem Radverkehr oder dem öffentlichen Personennahverkehr dienen. Tramgleise sind in der Regel Rasengleise. Trams haben Vorfahrt und halten nur an Haltestellen und bei Gefahr.

- *Öffentlicher Personennahverkehr:* Der ÖPNV wird massiv ausgebaut. Die Fahrtkosten werden grundsätzlich um 50 Prozent gesenkt, die Tarife vereinfacht, die Verbünde zusammengelegt, City-, Job-, Jugend-, Seniorentickets und verbilligte Netzkarten sind Usus. Oyster-Cards wie in London oder Tokio machen den Gebrauch einfach. Da Geringverdiener sowieso kaum über ein Kfz verfügen, sind sie nicht sonderlich betroffen, erhalten aber trotzdem zum Ausgleich superverbilligte Nahverkehrstickets. Massiver Ausbau von Tramnetzen – alle Großstädte über 100 000 Einwohner erhalten ein solches. Trolleybusse, die wo immer möglich ihr eigenes Netz erhalten, erleben eine Renaissance und kommen vor dem E-Bus. Die Kleinverteilung erfolgt über Elektrokleinbusse und App-gesteuerte Sammeltaxis.

- *Flächenbahn I:* Die erste Stufe des massiven Bahnausbaus wird realisiert mit einer Festschreibung der Flächenbahn im Grundgesetz: ein Grundnetz mit 50 000 km statt 33 000 km. Sämtliche stillgelegten Strecken – allein 8 000 km seit 1994 – werden revitalisiert, sofern sie nicht zugebaut wurden. Ansonsten werden Alternativtrassen gesucht, möglichst landschaftsschonend und in Bündelung mit Straßen oder auf stillgelegten Straßen. Die Elektrifizierung wird von heute 60 Prozent auf 80 Prozent ausgeweitet. Wichtige eingleisige Strecken werden zweigleisig ausgebaut. Der Nachtverkehr mit Schlaf- und Liegewagenverkehr wird europaweit installiert und verbilligt. Das Preissystem wird vereinfacht, die Bahn von allen Steuern befreit, die Preise werden massiv gesenkt. Der Interregio, der frühere D-Zug, wird zur Verbindung aller Großstädte über 100 000 Einwohner und der Oberzentren wiedereingeführt mit preisgünstigen, neugestalteten Fernzügen mit Kinder- und Frauenabteilen. Speisewagen und Bistros haben ausreichend Personal, und es wird richtig gekocht. Ein integrierter Taktverkehr (ITV) im Halbstunden-Rhythmus, bei dem zur ganzen und zur halben Stunde die Züge sternförmig in die großen Bahnhöfe hinein- und herausfahren, verringert die Wartezeiten, hat man mal einen Zug versäumt, und erhöht vor allem die Netzgeschwindigkeit enorm – das erfordert aber den Kapazitätsausbau der Knotenbahnhöfe, der keinesfalls unterirdisch erfolgt. Die Trassenpreise werden gesenkt, die Höchstgeschwindigkeit beträgt

200 km/h. Der Betrieb der Deutschen Bahn wird demokratisiert statt privatisiert. Die Bahnchefin und alle Führungskräfte werden gewählt aus einem Pool von Mitarbeitern, Fahrgästen und Bundestagsmitgliedern. Die Struktur des gemeinschaftlichen, nicht in Netz und Betrieb zerlegten Konzerns wird von unten aufgebaut, mit einem regionalen Mitspracherecht von Mitarbeitern und Fahrgästen. Privatbahnen werden ebenfalls basisdemokratisch vergesellschaftet. Tempolimit: 200 km/h.

■ *Bahn-Güterverkehr:* Die einst durch Hartmut Mehdorns Sparpolitik (Mora C) gekappten Gütergleisanschlüsse werden revitalisiert und durch neue ergänzt. Möglichst alle mittelständischen und Großbetriebe werden angeschlossen. Es werden neue geräuscharme Güterwaggons, selbstfahrende Waggons und einfache Container-Ladestationen gebaut sowie die lokbespannten Einzelwagen und der Expressgutverkehr wiederbelebt. Das Tempolimit beträgt 120 km/h, in Wohngebieten 60 km/h, wo es Schallschutz direkt am Gleis gibt. Notwendig ist zudem eine gute Entlohnung in allen Sparten und ein Mitspracherecht der Belegschaft in allen Belangen.

■ Realbepreisung des Gütertransports: Da die Bahn ohne Gefährdung von Mensch und Natur höchstens 500 Milliarden Tonnenkilometer jährlich befördern kann – das wäre eine Verfünffachung –, muss schon allein deswegen der Güterverkehr der Lkw massiv reduziert werden. Dies geht nur über eine europaweite Realbepreisung des Gütertransports. Dies führt automatisch zu kürzeren Transportwegen und reduziert auch den oft sinnlosen Warenaustausch über große Distanzen und viele Länder allein aus Profitgründen. Zudem reduziert sich auch das sinnlose Herumfahren von Gütern, um sie irgendwo zu Dumpingpreisen herstellen zu lassen und sie woanders hinzutransportieren. Die Transportweite sinkt, die maßlose Bewegung ebenfalls. Die Warenpreise steigen nicht zwangsläufig, wenn in der Nähe produziert wird. Geld wird frei für die Verkehrsrevolution. Regionale

Betriebe profitieren und können überleben beziehungsweise sogar prosperieren.

- *Lkw-Verkehr:* Reduzierung der Wege, Fahrten und Transportweiten durch hohe, gesamteuropäische Maut sowie Reduktion der zulässigen Tonnenlast. Das Tempolimit liegt bei 60 Kilometern pro Stunde auf Autobahnen. Die Arbeitszeiten der Fahrer werden reduziert, und es gibt hohe Strafen für Nichtbeachtung der Regeln durch Spediteure. Oberleitungen für E-Lkws befördern nur den Stau und werden nicht gebaut.

- *Auf dem Land:* Die Flächenbahn führt zur Wiederbelebung der Dörfer, der Bahnanschluss mit Takt-, Ruf- oder App-Elektrobussen ergänzt. Eine Bahnhofs- und Personalrenaissance machen den Bahnhof und das Landleben attraktiv und verhindern Angst und Vandalismus. Zubringerdienste zum Bahnhof erfolgen mit Solar- oder Elektrotaxis, die für Rentner und Behinderte kostenlos sind. Pedelecs vergrößern das Einzugsgebiet eines Bahnhofs um das Fünffache. Großgewerbe auf der grünen Wiese wird hoch bepreist oder gar nicht erst genehmigt. Kleingewerbe und Gaststättenförderung werden hingegen großgeschrieben, moderne Tante-Emma-Läden, Geschäfte des täglichen Bedarfs und Krankenstationen lohnen sich wieder, Grundschulen bleiben im Dorf oder kehren dahin zurück. Renaturierte Dorfstraßen bringen Grün in die versiegelten und verödeten Orte: Die Geschwindigkeitsbegrenzung beträgt 15 km/h und auf Durchfahrtsstraßen 30 km/h. Radschnellwege ziehen sich nicht nur durch Städte und Orte, sondern verbinden diese auch (Höchstgeschwindigkeit: 50 km/h). Die Netzgeschwindigkeit der Flächenbahn inklusive Zulauf erreicht die des heutigen Autos mit 60 km/h.

- *Geschäftswagen:* Die Subventionierung von Premiumgeschäftsautos, überhaupt aller Geschäftswagen, die 60 Prozent der Neuwagen ausmachen, wird komplett zurückgefahren und dem Umweltverbund (ÖPNV), Rad und Fuß zugeführt.

- *Autowerbung:* Autowerbung wird wie Raucherwerbung in allen Medien verboten. Die Werbeetats der Kartelle werden stattdessen der Konversion der Konzerne in autounabhängige Betriebe zugeführt.

- *Motorradfahren:* Das Motorradfahren auf öffentlichen Straßen ist untersagt. Alle Zweiradverbrenner werden abgeschafft. Elektrozweiräder sind in der Motorstärke und Geschwindigkeit stark begrenzt. Freizeitsparks für Motorsportler werden von diesen selbstfinanziert.

- *Carsharing:* War bislang eine Luftnummer, führte zu Zweitwagenkonsum oder wurde von denen benutzt, die sowieso nie vorher oder selten Auto gefahren sind – wird trotzdem als Nischenprodukt zugelassen. Die Fahrzeuge dürfen nicht mehr als 2 Liter pro 100 km verbrauchen. Stationsunabhängiges Free-Floating-Carsharing ist unökologisch und abgeschafft.

- *Taxis:* E-Taxis werden in der Regel als Sammeltaxis zugelassen. Behinderte und gehbehinderte Menschen dürfen umsonst und auch einzeln in kleineren, leicht zugänglichen Fahrzeugen fahren. Ansonsten sind Taxis bepreist und bemautet wie alle Kfz. Taxigroßkonzerne werden enteignet und vergesellschaftet. Fahrbare Rollstühle dürfen nicht schneller als 6 km/h fahren und sind den Radfahrern gleichgestellt.

- *Vergesellschaftung von VW:* Als Paukenschlag und weltweites Beispiel wird der im Faschismus gegründete, inzwischen weltgrößte Autokonzern Volkswagen, als Auslöser von Dieselgate, zerschlagen und vergesellschaftet nach Artikel 14 und 15 des Grundgesetzes. Schon Bismarck ließ die preußischen Bahnen verstaatlichen, auch im Steinkohlebergbau wurde in der Bundesrepublik in den 1960er Jahren vergesellschaftet. Theoretisch befindet sich der VW-Konzern schon heute in der Hand der Öffentlichkeit und der Arbeitnehmervertreter – nunmehr wird er nicht verstaatlicht, sondern vergesellschaftet. Die Arbeiterinnen und Arbeiter übernehmen gleichberechtigt mit den Betriebsräten und der öffentlichen Hand den Betrieb und führen ihn zu neuen Märkten und Produkten, zum Beispiel zur Bahntechnik, zur Tram- und Trolleybusproduktion, zu elektrischen Kleinomnibussen, zu Kleinstwagen, zu Pedelecs und Scooter. Die gigantischen Profite werden zum Großteil für die eigene Konversion und die anderer Autokonzerne eingesetzt sowie zur Finanzierung der »Wende«.

Phase II von 2030 bis 2040

Die inzwischen auf allen Ebenen basisdemokratisch organisierte Gesellschaft ist bereit für die Verkehrsrevolution und macht nun den nächsten Schritt.

- *Tempolimit II:* Das Tempolimit wird verschärft. 90 km/h auf der Autobahn (wie in der Regel heute schon im Land der unbegrenzten Möglichkeiten, den USA), 60 km/h auf der Landstraße, 25 km/h innerhalb geschlossener Ortschaften und 15 km/h in Wohngebieten und »Spielstraßen«.
- *Straßenrückbau:* Der Teilrückbau von Autobahnen und Fernstraßen beziehungsweise auch maroder Anlagen beginnt. Sämtlicher Neustraßenbau wird gestoppt.
- *Parkraumbewirtschaftung II:* Parken in der Stadt ist verboten, Quartiersgaragen befinden sich außerhalb der Stadt. Die Zubringerdienste erfolgen mit Trams, Trolleybussen, E-Kleinbussen, neu gebauten Seilbahnen sowie mit Leihpedelecs und Fahrrädern. Das wird auch im Grundgesetz festgeschrieben.
- *Flächenbahn II:* Weiterer massiver Bahnausbau mit Festschreibung im Grundgesetz: Flächenbahn mit 70 000 km, Anpassung an die neuen Siedlungsstrukturen durch Trassenbündelung, weitere Reduzierung von Fernstraßen, Elektrifizierung zu 100 Prozent sowie integrierter Halbstunden- oder teils Viertelstunden-Taktverkehr plus weitere Demokratisierung statt Privatisierung. Nah- und Fernverkehrsabgabe aller Bürger, gestaffelt nach Einkommen. Weitere Senkung der Fahrtkosten der Bahn mit preiswerten Netzkarten. Kinder und Ju-

gendliche bis 18 fahren umsonst, ebenso Rentner ab 65. Es gibt weitere Bahn- und Expressgutstationen mit Personal, geheizte Warteräume mit Zeitungen und Verpflegung sowie kostenlose Zubringerdienste zu den Bahnhöfen mit bewachten Fahrrad- und Pedelecstationen.

- *Nulltarif im öffentlichen Personennahverkehr, Kosten für alle anderen:* Kompletter Nulltarif des ÖPNV und Bepreisung des Kfz-Verkehrs, insbesondere des Lkw- und Überseeschiffverkehrs nach den tatsächlichen Kosten. Kfz-Mautsysteme für alle Autobahnen und Fernstraßen. City- und Villagemaut fürs Raus- und Reinfahren.

- *Downsizing II:* Weitere PS-Beschränkung für alle individuellen Kfz, Steuer nach PS, Beschränkung des Verbrauchs auf 2 Liter Benzinäquivalent pro 100 km, unabhängig von der Antriebsart. Es gibt Autopflichtaufkleber wie »Autofahren kann töten« et cetera. Straßenparker werden beschlagnahmt und gegen eine hohe Auslösegebühr zurückgegeben.

- *Liefer- und Handwerkerverkehr:* Es gibt Lastenfahrräder und -Pedelecs statt Dieseltransporter. Der Tramlastentransport erfolgt mit Containersystemen, Es gibt kleine Elektrotransporter fürs Handwerk und grundsätzlich Citylogistik in der Stadt. Schon heute haben Untersuchungen bestätigt, dass auch Großstädte Hunderttausende von Liefertransporten durch wenige Hundert ersetzen können. Grundversorgung der Bevölkerung mit Firmen des persönlichen Bedarfs durch fußläufige Erreichbarkeit. Internetbestelldienste werden eingeschränkt durch höhere Gebühren und die Pflicht zur Citylogistik sowie ein Verbot von Einzellieferungen.

- *Kampf der Bodenspekulation und dem Mietwucher:* Die Einnahmen aus der Parkbewirtschaftung und anderer kommunaler Bepreisungen des Kfz werden auch im Kampf gegen die Bodenspekulation eingesetzt. Die Bodenpreise wie die Wohnungspreise werden gedeckelt nach einem Stufensystem, ähnlich dem Mietpreisspiegel. Auch die Mieten werden stark und nach einem Stufensystem begrenzt. Große Wohnungsbaugesellschaften werden enteignet und vergesellschaftet nach Grundgesetzartikel 14 und 15. Der soziale Wohnungsbau wird gefördert, die Gebiete sind möglichst durchmischt, mit Arbeit, Wohnen und Einkaufen und privatautobefreit. Dienstfahrräder werden subventioniert.

- *Abschaffung der Pendlerpauschale, Umwandlung in Verkehrsabgabe für alle:* Die Pendlerpauschale wird abgeschafft, das Wohnen in der Stadt gefördert. Damit verkürzen sich die Wege, denn Geschäfte, Gewerbe und Freizeiteinrichtungen wie Kinos, Theater, Clubs et cetera sind in die Stadt integriert und auf der grünen Wiese nicht erlaubt.

- *Flankierende Maßnahmen:* Der Flugverkehr ist entscheidend reduziert, der innerdeutsche verboten, der transkontinentale den realen Kosten angepasst. Die vielen kleinen Flughäfen sind alle geschlossen. Flugbenzin ist hoch besteuert. Schiffe fahren mit Partikelfilter, der Transport über die Weltmeere wird stark bepreist und damit eingeschränkt. Billigflaggen werden verboten, Besatzungen und Personal gerecht entlohnt.

- *Anklagen gegen die Autobarone und Verkehrspolitiker:* Die letzten Chefs der Autokonzerne und die letzten noch lebenden Kfz-Verkehrsminister werden angeklagt wegen Bildung einer kriminellen Vereinigung, Betrug, massenhafter Körperverletzung mit Todesfolge beziehungsweise wegen bedingt vorsätzlichem massenhaften Totschlags.

- *Austrocknung des Drogenkartells:* Schließlich folgen die Restkonzerne des Drogen-/Autokartells. Sie werden zerschlagen und vergesellschaftet nach Artikel 14 und 15 des Grundgesetzes. Es gibt eine weitere Arbeitszeitverkürzung bei Lohnausgleich. Es erfolgt eine weitere Konversion in Richtung Bahn, öffentlichen Personennahverkehr, Rad, Pedelec, Minielektroautos und Bildung – alles in Absprache mit den Beschäftigten, Gewerkschaften und Betriebsräten. Die Betriebsräte bekommen Eingriffsrechte in die Produktion, wie in der Novemberrevolution von 1918/1919. In den Betrieben herrscht Drittelparität: Mitarbeiter und Betriebsräte, gewählte Betriebsleiter sowie Kommunen und Planungskommissionen.

Garten Eden

Nehmen wir einen Bundesbürger und verfolgen wir seine Wege im Jahr 2040. 1928 legten seine Urgroßeltern gut 3 000 km im Jahr zurück. Wir Heutigen reißen gut 14 000 km runter. Unser künftiger Bundesbürger wird in 20 Jahren »nur« 6 000 km unterwegs sein. Trotzdem ist die Qualität seiner Mobilität hervorragend.

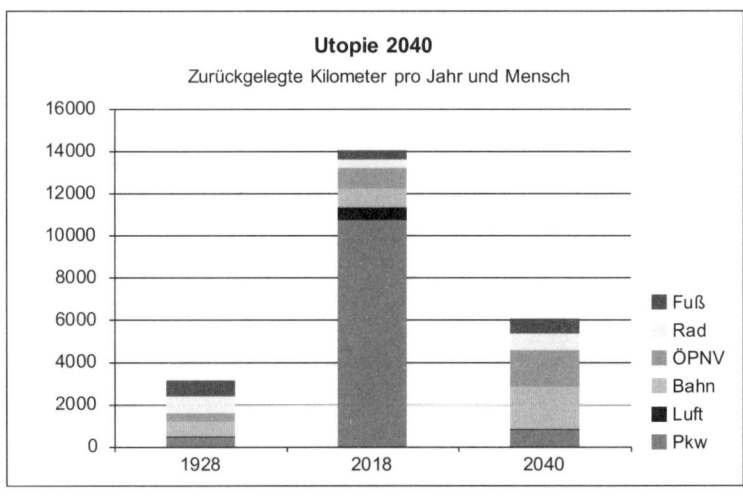

Abbildung 39: Quelle: Eigene Berechnungen.

Er fährt kaum mehr Auto – statt fast 14 000 km nur noch 800 km, dafür fünfmal so viel mit der Bahn, fünfmal so viel mit dem Rad, viermal so viel mit dem ÖPNV. Und er geht fast viermal so viel zu Fuß wie unsereiner anno 2018.

Im Vergleich zu 1928 kommt er aber immer noch doppelt so weit rum, ist nahezu gleich viel auf den Beinen und mit dem Rad

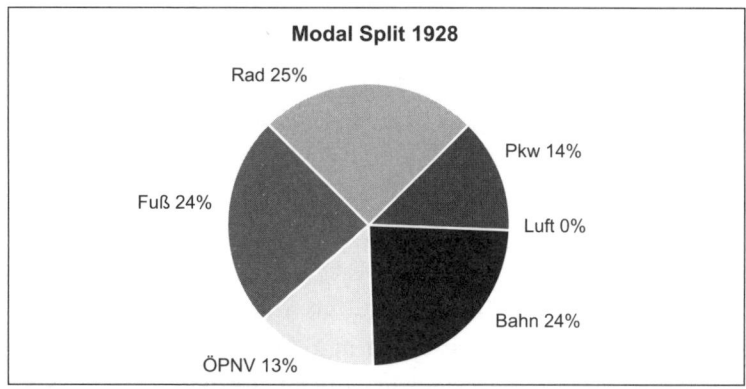

Abbildung 40: Modal Split ist die prozentuale Aufteilung des Verkehrs auf die verschiedenen Verkehrsträger. So wurde 1928 fast 50% des Verkehrs zu Fuß oder mit dem Rad abgewickelt. Quelle: Eigene Berechnungen.

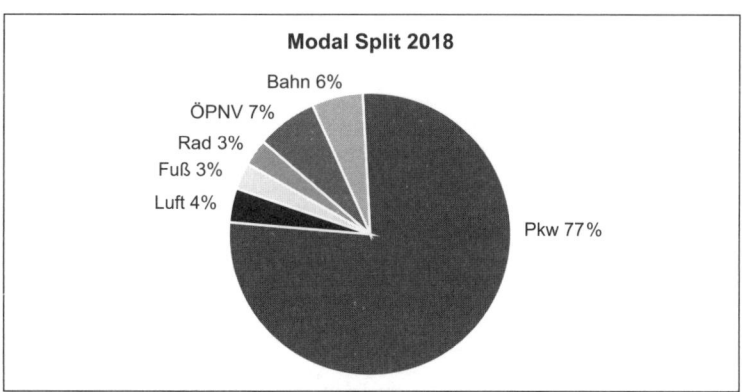

Abbildung 41: 2018 dagegen wurde 77% des Verkehrs mit dem Auto zuwege gebracht. Quelle: Eigene Berechnungen.

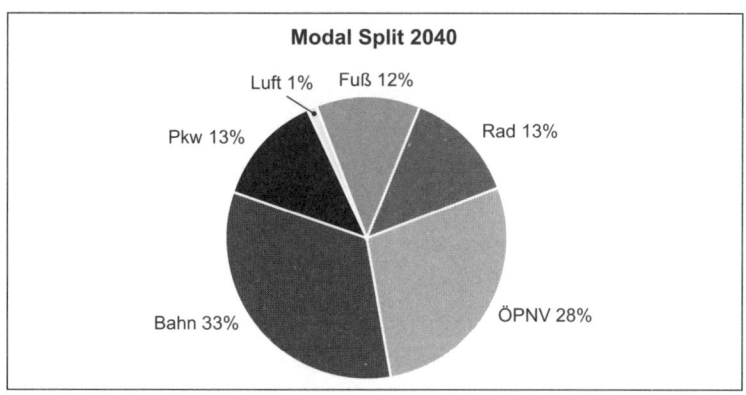

Abbildung 42: Fuß, Rad, ÖPNV und Bahn machen 86% des Verkehrs aus. Quelle: Eigene Berechnungen.

unterwegs, ist mehr als viermal so viel im ÖPNV und fast dreimal so viel mit der Bahn auf der Schiene und darf immer noch 70-mal mehr fliegen als der Mensch in der Weimarer Republik. Dafür ist alles viel komfortabler als 1928 – und sauberer und menschlicher als 2018.

Natürlich, umsonst ist diese Verkehrsrevolution nicht zu haben. Der Umbau des Transportwesens, die Abschaffung des Autos als Privatfahrzeug hat allein in Europa bis zum Jahr 2040 Kosten in dreistelliger Milliardenhöhe verursacht, uns aber gleichzeitig die enormen internen und externen Kosten des motorisierten Individualverkehrs erspart, die sich schon jährlich auf weit höhere Beträge summieren. Unterm Strich hat die Verkehrsrevolution die Allgemeinheit nicht einmal so viel gekostet wie der Wirtschaftscrash von 2008, zudem hat sich die Summe auf 20 Jahre verteilt.

Die Städte kommen weltweit und im wahrsten Sinne des Wortes zu neuer Blüte, die Kommunikation der Menschen findet wieder auf der Straße im Freien, auf Plätzen, in Cafés, unter Arkaden und in der Stadt wie auf dem Land statt. Kinder sind von der Käfighaltung befreit, sie können nach Herzenslust herumstreunen und die Welt selbstbestimmt entdecken. Die soziale Kontrolle im öffentlichen Raum ist wieder gewährleistet, es gibt keine fußgängerverlassenen Dörfer und Kleinstädte mehr. Straßencafés sind frei von Dreck und Motorenlärm, ohne Todesdrohung. Kleine Geschäfte und Dienstleister sind überall geduldet und lebensfähig. Schulen sind fußläufig und ohne Gefahr erreichbar, sie können die Kinder dezentral bis zur Hochschulreife begleiten. Mensch und Tier werden nicht mehr überfahren, die ganze Natur atmet auf.

Und die Aussichten über das Jahr 2040 hinaus? Das Leben greift wieder Platz, Abermillionen Menschen bleiben vor dem Unfalltod, weitere Milliarden vor Verletzungen bewahrt, die Umwelt kann sich entgiften, die Klimakatastrophe und künftige Kriege werden unwahrscheinlicher.

Steigen Sie ein! Springen Sie auf! Gehen Sie voran!

Anhang

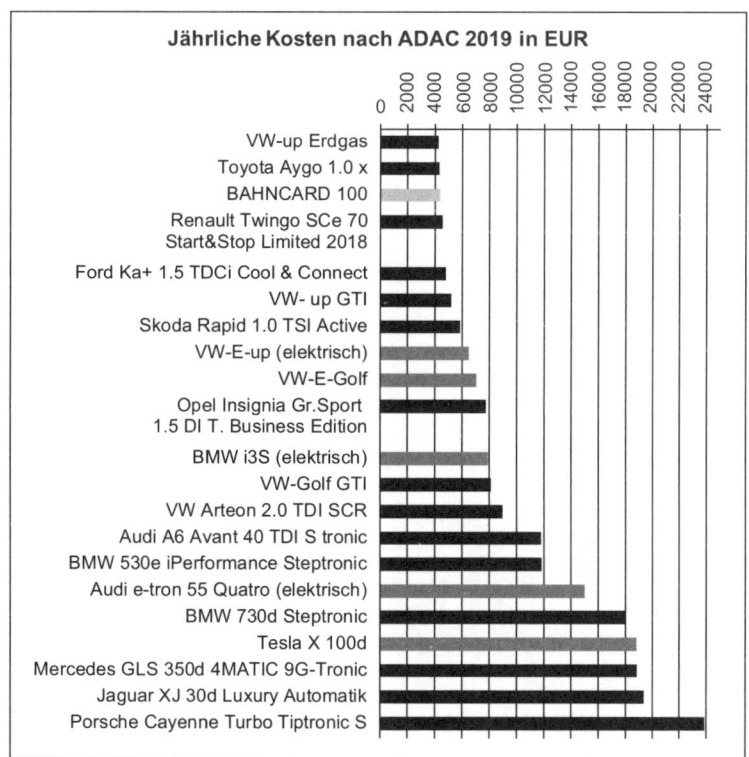

Abbildung 43: Kosten Pkw – Bahncard im Vergleich. Quelle: ADAC.

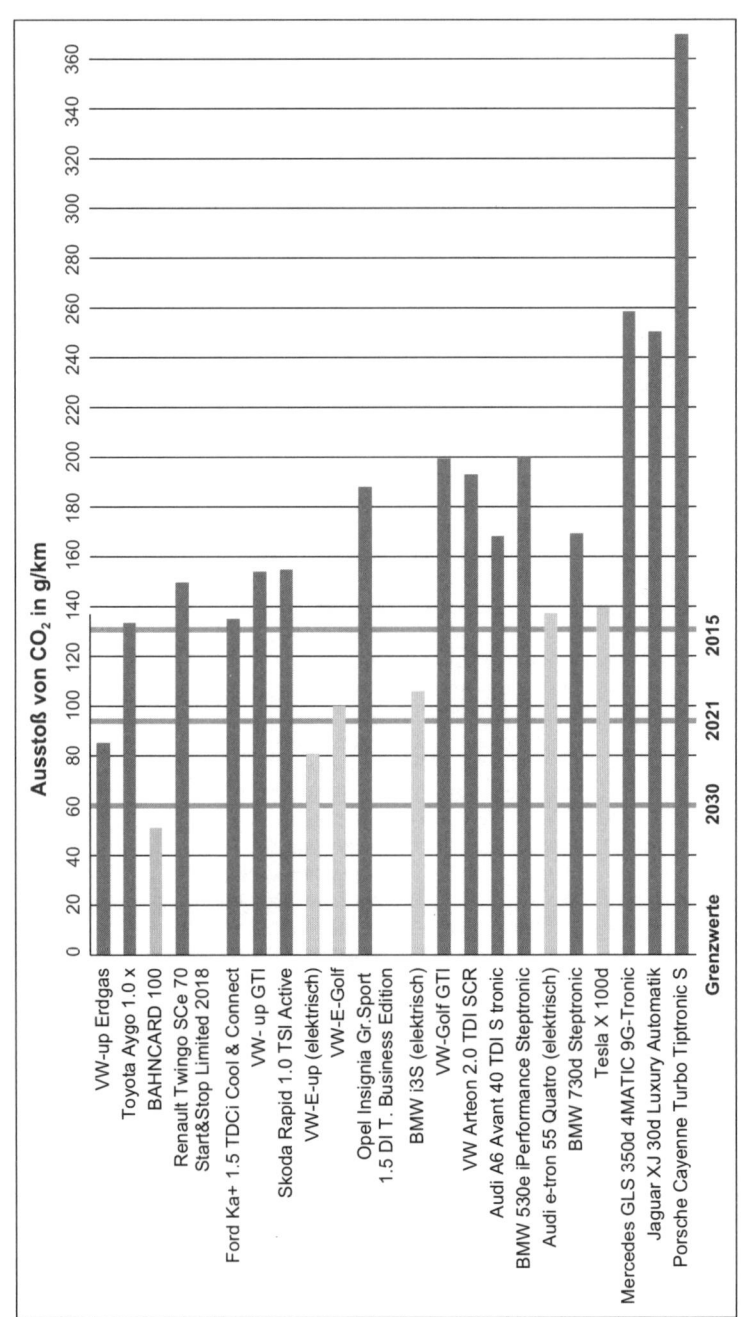

Abbildung 44: CO$_2$ Ausstoß Pkws und Grenzwerte.

Danksagung

Für ausführlichen Diskurs danke ich Winfried Wolf, Dieter Teufel, Jürgen Resch, Heiner Monheim, Josef Reindl und Markus Schmidt. Für Tipps danke ich Helmut Holzapfel, Hans Jürgen Hammelmann, Friedhelm Ardelt-Theeck, Nick Gietinger, Noah Reindl, Laura Weis, Janna Aljets, Bernhard Knierim, Dieter Seifried, Weert Canzler und Johannes Reimann. Ebenso zu Dank verpflichtet bin ich Rüdiger Grünhagen, Markus J. Karsten, Maximilian David und meinem strengen Lektor Michael Schickerling.

Literatur

Hinweis. Alle Links wurden im April 2019 aufgerufen.

Agora: *Verkehrswende*, 2018, https://www.agora-verkehrswende.de.

Aral AG (Hg.): *Mobilitätsstudie 2005. Qualitative Untersuchung zu Auto und Verkehr,* Bochum, 2005.

Bange, Cornelia: »Wieviel Euro ist Ihnen eine Stunde Freizeit wert?‹ Staukosten im Straßenverkehr«, *Wuppertal Bulletin* 1/2007, S. 24–26.

Becker, S.; Herberg, K.-W.: *Untersuchungen von Motiven für die Geschwindigkeitswahl unter besonderer Berücksichtigung des Konkurrenzaspektes,* TÜV Rheinland, Institut für Verkehrssicherheit, 1990.

Benz, Carl: *Lebensfahrt eines deutschen Erfinders,* München, 2001.

Blumer, Walter: *Motorisierung. Seuche des Jahrhunderts,* Stuttgart, 1973.

BMVBS (Bundesministerium für Verkehr, Bau und Stadtentwicklung (Hg)). *Masterplan Güterverkehr und Logistik,* Berlin, 2008.

Bode, Peter M.; Sylvia Hamberger; Wolfgang Zängl (Hg.): *Alptraum Auto. Eine hundertjährige Erfindung und ihre Folgen,* München, 1991.

Borscheid, Peter: *Das Tempo-Virus. Eine Kulturgeschichte der Beschleunigung,* Frankfurt, 2004.

Buchanan, Colin: *Verkehr in Städten,* Essen, 1964 (zuerst London, 1963).

Bürgerbahn statt Börsenbahn (BsB): *Schiene und Arbeitsplätze. Sechs Thesen,* Berlin, 2004.

DAV (Deutsche Akademie für Verkehrswissenschaft, Hg.): *12. Deutscher Verkehrsgerichtstag 1974,* Hamburg, 1974.

DAV (Deutsche Akademie für Verkehrswissenschaft, Hg.): *30. Deutscher Verkehrsgerichtstag 1992,* Hamburg, 1992.

Deutsche Verkehrswacht: *Fünfzig Jahre Deutsche Verkehrswacht,* Bonn-Beuel, 1975.

Dezernat für Planung Frankfurt (Hg.): *Ergebnisse der Verkehrszählung vor und nach Inbetriebnahme der Ostumgehung A 661,* Frankfurt, 1997

Dollinger, Hans: *Die totale Autogesellschaft,* München, 1972.

Dorschner, Ute; Lippold, Manja; Gericke, Christian: *Situationsanalyse und Maßnahmen zur Prävention von Verkehrsunfällen bei Kindern in Deutschland: Evidenzbasierte Verkehrspolitik?,* WHO Collaborating Centre for Health Systems Research and Management, TU Berlin, 2006.

Ehrenburg, Ilja: *Das Leben der Autos,* Stuttgart, 1983 (1930).

EC (European Commission): *European Energy and Transport. Trends to 2030,* Brüssel, 2003.

ETSC (European Transport Safety Council): *Transport Safety Performance in the EU: A Statistical Overview*, Brüssel, 2003; www.etsc.be/oldsite/statoverv. pdf.

EU (Europäische Union): *EU – Energy and Transport in Figures. Statistical Pocketbook*, Luxemburg, 2001–2019.

Ford, Henry: *Mein Leben und Werk*, Leipzig, 1923.

Fraunholz, Uwe: *Motorphobia. Antiautomobiler Protest in Kaiserreich und Weimarer Republik*, Göttingen, 2002.

Gärtner, Birgit: »Abgesang aufs Auto. Elektrofahrzeuge, CO_2-Emissionen und alternative Verkehrs- und Beschäftigungskonzepte«, *Telepolis*, 2009 https://www.heise.de/tp/features/Abgesang-aufs-Auto-3383603.html.

Gietinger, Klaus: *Totalschaden. Das Autohasserbuch*, Frankfurt, 2010.

Gietinger, Klaus: »Opfer der Motorisierung«, *Internationales Verkehrswesen*, 11/2006, S. 530–534.

Groneweg, Merle; Weis, Laura, Misereor/Brot für die Welt/PowerShift (Hg.): *Weniger Autos, mehr globale Gerechtigkeit – Diesel, Benzin, Elektro: Die Antriebstechnik allein macht noch keine Verkehrswende*, 2019.

Die Grünen im Römer (Hg.): *Grüne Römerpost. Programme für Frankfurt (»Grüne Schiene«)*, Frankfurt, 1985.

Die Grünen: *Das Bundesprogramm*, 1980 https://www.boell.de/sites/default/files/assets/boell.de/images/download_de/publikationen/1980_001_Grundsatzprogramm_Die_Gruenen.pdf.

Hautzinger, Heinz u. a. (Hg.): *Dunkelziffer bei Unfällen mit Personenschaden*, Bericht der Bundesanstalt für Straßenwesen (BAST), Reihe *Mensch und Sicherheit*, Heft M 13, Bergisch-Gladbach, 1993.

Hautzinger, Heinz; Karin Mayer: *Analyse von Änderungen des Mobilitätsverhaltens (insbesondere der Pkw-Fahrleistung) als Reaktion auf geänderte Kraftstoffpreise*, Heilbronn, 2004; http://www.ivt-verkehrsforschung.de/pdf/Kraftstoffpreise_und_Mobilitaet.pdf.

Heuser, Tilmann; Reh, Werner: *Integrierte Verkehrsplanung für eine zukunftsfähige Mobilität. BUND-Schwarzbuch zum Fernstraßenbau in Deutschland*, Bund für Umwelt und Naturschutz Deutschland (Hg.), Berlin, 2004.

Hilgers, Micha: *Total abgefahren. Psychoanalyse des Autofahrens*, Freiburg, 1992.

Hölzinger, Michael: *Strategische Bedeutung von Lobbyarbeit im Spiegel der historischen Entwicklung der verkehrspolitischen Rahmenbedingungen in Deutschland*, Diss. Trier, 2002.

Holzapfel, Helmut: *Urbanismus und Verkehr*, Wiesbaden, 2016.

Beckmann, Klaus J.; Holzapfel, Helmut; Sammer, Gerd: *Gruppe emeritierter Verkehrsprofessoren Deutschlands und Österreichs. Elektromobilität: Macht der Wandel des Fahrzeugantriebs den Verkehr umweltfreundlich?* Berlin/Wien, 2017, https://www.researchgate.net/publication/321708137_Gruppe_emeritierter_Verkehrsprofessoren_Deutschlands_und_Osterreichs_Elektromobilitat_Macht_der_Wandel_des_Fahrzeugantriebs_den_Verkehr_umweltfreundlich.

Hüsing, Martin: *Die Flächenbahn als verkehrspolitische Alternative*, Wuppertal, 1999

Hüttenmoser, Marco: »Kind und Straßenraum«, in: Christian Harb (Hg.), *Autofreies Wohnen als neue Perspektive für Stadt- und Verkehrsplanung*, Zürich, 2001.

ICLEI-Europasekretariat; Kraut, Volker (Hg.): *Wieviel zahlt unsere Kommune für den Autoverkehr?*, *Arbeitsblätter zur Aufdeckung versteckter Subventionen für den motorisierten Individualverkehr*, Freiburg, 2001.

IFEU: *Strombasierte Kraftstoffe*. *Kurzgutachten*, 2018, https://vm.baden-wuert temberg.de/fileadmin/redaktion/m-mvi/intern/Dateien/PDF/181126_ Klimaschutz_Kurzgutachten_Strombasierte_Kraftstoffe_ifeu_ZSW.pdf.

IFEU, Helms et al.: *Weiterentwicklung und vertiefte Analyse der Umweltbilanz von Elektrofahrzeugen*, Dessau-Roßlau, 2016.

IFEU, Helms et al.: *Klimabilanz von Elektroautos Einflussfaktoren und Verbesserungspotenzia* Berlin 2019 https://www.agora-verkehrswende.de/veroeffentlichungen/klimabilanz-von-elektroautos.

INFRAS (Hg.): *External Costs of Transport. Update Study. Final Report*, Zürich/Karlsruhe, 2004.

International Road Federation (Hg.) *World Road Statistics 1964–2018*, Genf, 1965–2018; https://www.worldroadstatistics.org.

Jacobs, Goff; Aeron-Thomas; Amy; Astrop, Angela: *Estimating Global Road Fatalities*, (Transport Research Laboratory, TRL) Crowthorne, 2000.

Klenke, Dietmar:»*Freier Stau für freie Bürger*«. *Die Geschichte der bundesdeutschen Verkehrspolitik 1949–1994*, Darmstadt, 1995.

Knoflacher, Hermann:»Bedeuten abnehmende Unfall- und Getötetenzahlen für Fußgänger höhere Verkehrssicherheit für diese Teilnehmergruppe?«, *Zeitschrift für Verkehrssicherheit* 30/1984.

Knoflacher, Hermann: *Zur Harmonie von Stadt und Verkehr. Freiheit vom Zwang zum Autofahren*, Wien, 1996.

Knoflacher, Hermann: *Stehzeuge. Der Stau ist kein Verkehrsproblem*, Wien/Köln/Weimar, 2001.

Knoflacher, Hermann: *Autovirus. Die Geschichte einer Zerstörung*, Wien, 2009.

Knoflacher, Hermann: *Zurück zur Mobilität! Anstöße zum Umdenken*, Wien, 2013.

Koch, Joachim:»Doppelstockcontainerverkehr in Deutschland«, *Internationales Verkehrswesen* 11/2006, S. 526–528.

König, Wolfgang:»Geschichte als Geschehen und als Tat. Projektion und Realität am Beispiel der frühen Eisenbahngeschichte«, in: Hans-Liudger Dienel und Helmuth Trischler (Hg.), *Geschichte der Zukunft des Verkehrs. Verkehrskonzepte von der Frühen Neuzeit bis zum 21. Jahrhundert*, Frankfurt, 1997.

König, Johann-Günther: *Die Autokrise*, Springe, 2009.

Kopits, Elizabeth; Maureen Cropper: *Traffic Fatalities and Economic Growth*, World Bank Working Paper, 2003; http://citeseerx.ist.psu.edu/viewdoc/download?doi=10.1.1.13.6945&rep=rep1&type=pdf.

Kopits, Elisabeth: *Traffic Fatalities and Economic Growth*, Maryland, 2004.

Kopits, Elizabeth; Maureen Cropper:»Why Have Traffic Fatalities Declined in Industrialised Countries?«, in: *Journal of Transport Economics and Policy* 42/1, Januar 2008.

Krull, Stephan:»Hauptsache Arbeit?«, in: *Sozial.Geschichte Online* 24/2018.

Kuhn, Fritz; Hermann, Winfried; Andreae, Kerstin; Fell, Hans-Josef; Hettlich, Peter; Höhn, Bärbel; Hofreiter, Anton: *Green Car Concept*, Fraktionsbeschluss von Bündnis90/Die Grünen, Berlin, 2007.

Lay, Maxwell G.: *Die Geschichte der Straße. Vom Trampelpfad zur Autobahn*, Frankfurt, 1995.

Levine, Tom: *Planet Auto*, München, 2007.

Litman, Todd: *Generated Traffic and Induced Travel: Implications for Transport, Planning*, Victoria Transport Policy Institute, 2004.

Loose, Willi:»Arbeitsmarkteffekte einer Verkehrswende in Deutschland«, in: Heiner Monheim, Klaus Nagorni (Hg.), *Die Zukunft der Bahn. Zwischen Bürgernähe und Börsengang*, Karlsruhe, 2004

Maissen, Felix: *Der Kampf um das Automobil in Graubünden*, Chur, 1968.

Marx, Karl: *Das Kapital, Band 1*, MEW 23, Berlin (Ost), 1975 (zuerst: London 1867).

Meadow, Dennis; Meadows Donella; Zahn, Erich; Milling, Peter: *Die Grenzen des Wachstums. Bericht des Club of Rome zur Lage der Menschheit*, Hamburg, 1973.

Merki, Christoph Maria: *Der holprige Siegeszug des Automobils 1895–1930. Zur Motorisierung des Straßenverkehrs in Frankreich, Deutschland und in der Schweiz*, Wien/Köln/Weimar, 2002.

Meyer, Karen: *Unfallopfer. Der Weg ins zweite Leben*, Berlin, 1996.

Möser, Kurt: *Geschichte des Autos*, Frankfurt, 2001.

Monheim, Heiner; Monheim-Dandorfer, Rita: *Straßen für alle. Analysen und Konzepte zum Stadtverkehr der Zukunft*, Hamburg, 1990.

Monheim, Heiner:»Kinderfreundliche Verkehrsplanung. Notwendigkeiten, Grundlagen und Möglichkeiten«, in: Rheinischer Gemeindeunfallversicherungsverband (Hg.), *Bleiben unser Kinder auf der Strecke? Dokumentation der Fachtagung Mobilität und Verkehrssicherheit für Kinder und Jugendliche*, Düsseldorf, 2004.

Monheim, Heiner: *Wege zur Fahrradstadt*, Bad Homburg, 2017.

Monheim, Heiner: *Wege zur Fußgängerstadt*, Hohenwarsleben, 2018.

Müller, Fritz: *Straßenverkehrsrecht*, Berlin, verschiedene Jahrgänge.

Müller, Fritz: *Betrachtungen zum deutschen Straßenverkehr*, Berlin, 1953.

Murray, Christopher J. L.; Alan D. Lopez (Hg.): *The Global Burdon of Disease*, Harvard, 1996, WHO Genf, 2004, http://www.who.int/healthinfo/global_burden_disease/GBD_report_2004update_full.pdf.

Otte, Carsten: *Goodbye Auto. Ein Leben ohne Führerschein*, München, 2009.

Ottiger, Ivan: *Automobilismus und Rechtsetzung*, Zürich, 2005.

Petersen, Rudolf; Schallaböck, Karl-Otto, *Verkehrsstauungen in Deutschland*, Wuppertal, 1998.

Praxenthaler, Heinrich:»Die Sache mit der Geschwindigkeit, Geschichte der Tempobeschränkungen im Für und Wider«, *Archiv für Geschichte des Straßen- und Verkehrswesens* 15, Bonn, 1999.

Praxenthaler, Heinrich:»Sicherheit im Straßenverkehr 1950-2000. Initiativen und Maßnahmen in Deutschland. Unfallverlauf und Erfolgsbilanz«, *Archiv für Geschichte des Straßen- und Verkehrswesens* 18, Bonn, 2001.

Mittelfristprognosen 2004–2018, zuletzt https://www.bmvi.de/SharedDocs/DE/Anlage/VerkehrUndMobilitaet/kurzfristprognose-sommer-2018.pdf?__blob=publicationFile.

Reindl, Josef:»Schöne neue digitale Welt«, *Saarbrücker Hefte* 1/2019.

Städtetag: *Nachhaltige Städtische Mobilität für alle*, 2018, http://www.staedtetag.de/imperia/md/content/dst/veroeffentlichungen/mat/positionspapier-nachhaltige-staedtische-mobilitaet.pdf.

Roth, Karl Heinz (Hg.): *Die Daimler-Benz AG 1916-1948*, Nördlingen, 1987.

Säcker, Horst: *Das Bundesverfassungsgericht*, Bonn, 2003.

Schivelbusch, Wolfgang: *Geschichte der Eisenbahnreise. Zur Industrialisierung von Raum und Zeit im 19. Jahrhundert*, Frankfurt, 1979.

Schmidt, Albert; Kuhn, Fritz; Hermann, Winfried; Hustedt, Michaele; Berninger, Matthias; Beutler, Felix: *Green Car Paper. Herausforderungen, Innovationsfelder, Potentiale und Maßnahmen einer grünen Automobilstrategie*, Berlin, 2005; http://www.fritz-kuhn.de/de/daten/Green_Car_Paper_final.pdf.

Schmidt, Markus: »Vorfahrt eingebaut«. Die Straßenverkehrsordnung – Vorfahrt für Verkehrs-Vandalismus«, *Verkehr Kompakt* 5, Berlin, 2001.

Schmidt, Markus: *Eingebaute Vorfahrt. Das Erfolgsgeheimnis des Autos und der Schlüssel zur Verkehrswende*, Frankfurt, 2002.

Schmucki, Barbara: *Der Traum vom Verkehrsfluss. Städtische Verkehrsplanung seit 1945 im deutsch-deutschen Vergleich*, Frankfurt, 2001.

Schütz, Erhard; Gruber, Eckhard: *Mythos Reichsautobahn. Bau und Inszenierung der »Straßen des Führers« 1933–1941*, Berlin, 1996.

Seifried, Dieter: *White Paper*, 2019 http://www.oe2.de/fileadmin/user_upload/download/White_Paper_EU_fleet_consumption_regulation_2019.pdf.

Shell AG (Hg.): *Pkw-Szenarien, Mehr Autos – weniger Verkehr?, Szenarien des Pkw-Bestandes und der Neuzulassungen in Deutschland bis zum Jahr 2020*, Hamburg, 2001.

Snell, Bradford C.: *American Ground Transport. A Proposal for Restructuring the Automobile, Truck, Bus & Rail Industries*, Washington, 1974; gekürzt: http://www.worldcarfree.net/resources/freesources/American.htm.

Simoneit, Ferdinand: *Mein Freund ist ein lackierter Kampfhund. Gegen die Verteufelung des Autos*, Bergisch Gladbach, 1993.

Smeed, Reuben Jacob: »Some Statistical Aspects of Road Safety Research«, *Journal of Royal Statistical Society* Reihe A, Teil I, London, 1949.

Sternberg, Horst: »Grundlagen der Frankfurter Gesamtverkehrsplanung«, in: Presse- und Informationsamt der Stadt Frankfurt/M. (Hg.): *Frankfurter Verkehrsbauten*, Frankfurt, 1965.

Stete, Gisela: »Zeitgewinn durch Mobilität?«, in: Tom Koenigs und Roland Schaefferna (Hg.), *Fortschritt von Auto. Umwelt und Verkehr in den 90er Jahren*, München, 1991, S. 143–156.

Teufel, Dieter: *Scheinlösungen im Verkehrsbereich. Kontraproduktive und ineffiziente Konzepte der Verkehrspolitik*, UPI-Bericht 23, Heidelberg, 1992.

Teufel, Dieter: *Externe Kosten Verkehr*, UPI Bericht 21, Heidelberg, 2000.

Teufel, Dieter; Bauer, Petra; Braunfeld, Sabine; Kiljan, Gerhard; Wagner, Thomas: *Folgen einer globalen Motorisierung*, UPI-Bericht 35, Heidelberg, 1995.

Teufel, Dieter; Bauer, Petra; Falk, Dieter; Humm, Luise; Wagner, Thomas: *Möglichkeiten der Einsparung volkswirtschaftlicher Kosten durch Geschwindigkeitsbegrenzungen*, UPI-Bericht 42, Heidelberg, 2000.

Teufel, Dieter; Arnold, Sabine; Bauer, Petra; Humm, Luise; Wagner, Thomas: *Externe Gesundheitskosten des Verkehrs in der Bundesrepublik Deutschland*, UPI-Bericht 43, Heidelberg, 2001.

Teufel, Dieter; Arnold, Sabine; Bauer, Petra; Schwarz, Thomas: *Ökologische Folgen von Elektroautos – Ist die Förderung von Elektro- und Hybrid-Autos sinnvoll ?*, UPI-Bericht 79, Heidelberg, 2017.

Turner, Henry Ashby: *General Motors und die Nazis*, Berlin, 2006.

Umkehr e. V. (Hg.), *Verkehrskosten*, Reihe *Verkehr Kompakt* 4, Berlin 2000.

Vanderbilt, Tom: *Auto. Warum wir fahren, wie wir fahren und was das über uns sagt*, Hamburg, 2009.

VDA (Verband der Automobilindustrie):»Zahlen und Daten«, https://www.vda.de/de/services/zahlen-und-daten.html.

Voigt, W.: *Beitrag zur Entwicklung des Personenverkehrs DDR 2000. Expertise im Rahmen des Initiativprogramms zur Vorbereitung des 40. Jahrestages der DDR und des XII. Parteitages der SED*, Dresden, 1989.

Walsh, Michael P.: *Ancillary Benefits for Climate Change Mitigation and Air Pollution Control in the World's Motor Vehicle Fleets*, International Council on Clean Transportation, Washington, 2008.

Walsh, Michael P.: *Car-Lines* 2001–2019.

WHO (World Health Organization): *Global Status Report on Road Safety*. 2018 https://www.who.int/violence_injury_prevention/road_safety_status/2018/en.

Williams, Heathcote: *Automobilmachung*, Frankfurt, 1992 (deutsche Erstausgabe unter dem Titel *Autogeddon*, Frankfurt, 1985).

Wippermann, Wolfgang: *Autobahn zum Mutterkreuz. Historikerstreit der schweigenden Mehrheit*, Berlin, 2008.

Wolf, Winfried: *Eisenbahn und Autowahn. Personen- und Gütertransport auf Schiene und Straße. Geschichte, Bilanz, Perspektiven*, Hamburg, 1992.

Wolf, Winfried: *In den letzten Zügen. Bürgerbahn statt Börsenwahn*, Hamburg 2006.

Wolf, Winfried: *Verkehr, Umwelt, Klima. Die Globalisierung des Tempowahns*, Wien, 2007.

Winfried Wolf; Waßmuth, Carl; Becker, Horst; Hauber, Johannes; Crow, Bob: »Europäische Verkehrswende jetzt!«, in: *Lunapark21*, Extra 01 (Der Krise begegnen – Programm SchieneEuropa2025), Berlin, 2009.

Wolf, Winfried:»Weltwirtschaftskrise & Krise der Autoindustrie«, in: *Lunapark21*, Extra 02 (Krise der Autoindustrie), Berlin, 2009.

Wolf, Winfried: *Mit dem Elektroauto in die Sackgasse. Warum E-Mobilität den Klimawandel beschleunigt*, Wien, 2019.

Zängl, Wolfgang: *Rasen im Treibhaus. Warum Deutschland ein Tempolimit braucht*, München, 2007.

Zängl, Wolfgang: *Elektroautos: Nein Danke! Eine kritische Dokumentation*, München, 1992.

Zapp, Kerstin:»Weniger Wellen in Venedig, *Internationales Verkehrswesen* 3/2003.

Fortlaufende statistische Erhebungen und Datenreihen im Auftrag des Bundesministeriums für Verkehr, Bau und Stadtentwicklung:

DIW (Deutsches Institut für Wirtschaftsforschung): *Verkehr in Zahlen 1985–2018. Mobilität in Deutschland (MOB).*

Kontinuierliche Erhebung zum Verkehrsverhalten (KONTIV), Erhebungen von 1976, 1982, 1998, 2000, 2001, 2002, sowie *Mobilität in Deutschland (MiD)* 2002, 2008, kurz 2018.

Anmerkungen

1 Das Buch wurde von den Nazis verbrannt und durfte unter Stalin nur zensiert erscheinen. Ehrenburg, 1983, S. 205 f.

Vorwort

1 *Saarbrücker Zeitung*, 6./7. April 2019.

Massenvernichtungswaffe Auto

1 WHO, *Global Status Report on Road Safety*, 2018, S. 5.
2 Teufel u. a., 1995.
3 Murray u. a., 1996/2004, S. 25.
4 Kopits u. a.: *Traffic Fatalities and Economic Growth*, World Bank Working Paper, 2003.
5 Maßstab ist hier der Scheitelpunkt der Todesrate (F/P, F = Fatalities, P = Persons), also der Punkt, an dem die Zahl der Verkehrstoten pro Einwohner nicht mehr steigt, sondern sinkt. Kopits u. a., 2003, S. 2 und 14 ff.
6 Wert des Dollar von 1996, nach Kopits u. a. 2008, S. 139, Bei Kopits u. a. 2003, S. 15, 18 gaben sie 8 600 Dollar nach dem Stand von 1985 an, was sich etwa entspricht.
7 Einige Unterschiede in der Dritten Welt (zum Beispiel einen extrem hohen Anteil von motorisierten Zweirädern) schieben den Scheitelpunkt eher noch hinaus.
8 Kopits u. a., 2003, S. 31 ff.
9 Teufel u. a., 1995, S. 38 f.
10 Das durchschnittliche Wachstum der Weltwirtschaft bis zum Crash betrug 3,7 Prozent. In China sind es 2018 noch über 6,56 Prozent.
11 Teufel u. a., 1995, S. 40 f., auch für das Folgende.
12 Monheim, *Wege zur Fußgängerstadt*, 2018, S. 23.
13 Teufel u. a., 1995, S. 19–30.
14 Ebenda, S. 28 f.
15 Teufel u. a., 2001, S. 33, kommen in einer Extrauntersuchung für Greenpeace auf den Mittelwert von über 25 500 Toten durch Feinstaub, Stickoxide und Ozon in Deutschland im Jahr 1995.
16 *Luftreinhalteplan Rhein-Main 2005*, S. 36.
17 Walsh, 2008, S. 1.
18 Knoflacher, 2009, S. 107.
19 Gietinger, *Totalschaden*, 2010, S. 262.

20 Internationale Energieagentur, https://www.iea.org/geco/emissions (abgerufen März 2019).

21 Siehe https://www.scinexx.de/news/geowissen/co2-ausstoss-steigt-ungebremst (abgerufen März 2019).

22 *Pocketbook Transport EU 2018*, S. 141.

23 Ebenda, S. 186.

24 Teufel u. a., 1995, S. 3.

Das Kapital ist maßlos, das Auto auch

1 »Die einfache Warenzirkulation – der Verkauf für den Kauf – dient zum Mittel für einen außerhalb der Zirkulation liegenden Endzweck, die Aneignung von Gebrauchswerten, die Befriedigung von Bedürfnissen. Die Zirkulation des Geldes als Kapital ist dagegen Selbstzweck, denn die Verwertung des Werts existiert nur innerhalb dieser stets erneuerten Bewegung. Die Bewegung des Kapitals ist daher maßlos.« Marx, *Kapital* 1, MEW 23, S. 167.

2 Ein NSU Prinz 30 circa 4200 D-Mark der BMW 700, 4760 D-Mark, der DKW Junior 4950 D-Mark sowie der Lloyd Arabella 5250 D-Mark, siehe http://www.historische-fahrzeuge.net/history/konkur4.htm (abgerufen April 2019).

3 Siehe als Beleg die Mittelfristprognosen der Verkehrsentwicklung im Auftrag des BMVI, zum Beispiel *Mittelfristprognose Sommer 2018*.

4 VDA, Frankfurt, und OICA, Paris, zitiert nach Wolf, *Sackgasse*, 2019, S. 60 f.

Droge Auto

1 Zitiert nach Zängl, *Rasen im Treibhaus*, 2007, S. 13.

2 König, 1997, S. 138.

3 Ebenda, S. 139 ff.

4 Schivelbusch, 1979, S. 44.

5 Ebenda, S. 53.

6 Knoflacher, 2001, S. 142, siehe auch Knoflacher, 2009, S. 121 f.

7 Williams, 1992, S. 12. In einer früheren Übersetzung (mit anderen Fotos; 1985, S. 12) heißt es, das Auto sei »ein Hohn auf die Zwecklüge, es bringe uns von A nach B«.

8 Schmidt, 2002, S. 87.

9 Aral, 2005, S. 7.

10 KONTIV 1976, 1982, 1998, 2000, 2001, 2002 sowie *Mobilität in Deutschland* (*MiD*) 2002 und 2008, www.mobilitaet-in-deutschland.de. Siehe auch Shell, 2001, S. 9, sowie Aliaga u. a., 2003, S. 4, Sowie *MiD Kurzreport*, 2019, S. 9.

11 Shell, 2001, S. 9; Schmidt, 2002, S. 199 ff.

12 Hüttenmoser, 2001, S. 27.

13 Hautzinger u. a., 2004, S. 131.

14 Hüttenmoser, 2001, S. 27.

15 Bauer, Hertel und Sedlak (»Agora Verkehrswende«), Parkraummanagement lohnt sich, 2019, S. 16.

16 *MiD-Kurzreport*, Infas, 2019, S. 6.

17 Dorscher u. a. 2006, S. 42.

18 Ebenda.

19 Ebenda, S. 12.

20 Hautzinger u. a., 1993, S. 3 und 62 f.

21 Eine geniale Idee von Knoflacher, Stehzeuge, 2001, S. 178 ff., die er aber nur als Übergang zur autobefreiten Gesellschaft sehen möchte, *Zurück zur Mobilität*, 2013, S.104 f., sowie persönliche Auskunft 2019.

Das Drogenkartell der Autokonzerne

1 Wolf, *Sackgasse*, S. 43.
2 Ebenda, S. 39–61.
3 Ebenda, S. 44–47 und 60.
4 68 Prozent der Bevölkerung waren dafür, sogar 59 Prozent der Autofahrer. 75 Prozent aller sprachen sich für mehr öffentlichen Verkehr aus, Dollinger, *Totale Autogesellschaft*, 1972, S. 37.
5 Wolf, *Sackgasse*, S. 47–49, und 60.
6 Siehe Gietinger, *Totalschaden*, S. 167 und 232 ff., Zängl, *Rasen im Treibhaus*, 2007, Praxenthaler, *Geschwindigkeit*, 1999.
7 Wolf, *Sackgasse*, S. 50 f. und 60.
8 Ebenda, S. 52–54 und 61.
9 Ebenda, S. 54–59 und 61.
10 OICA nach Wolf, *Sackgasse*, S. 66.
11 Wolf, *Sackgasse*, S. 168.
12 Ebenda, S. 71.
13 Agora Verkehrswende, 2018.
14 *Süddeutsche Zeitung*, 8. März 2017, https://www.sueddeutsche.de/muenchen/diesjaehriges-derblecken-alles-nur-geklont-1.3410633.
15 Buchanan, 1964, Abschnitt 55 des Lenkungsausschusses.
16 Zum Irrsinn des privaten Straßenbaus siehe Artikel von Valentukeviciute, Waßmuth, Högelsberger und Fruth, »Aktion Straßenraub«, *Lunapark21*, Frühjahr 2017, S. 38–57.
17 Beispiele für solche Rechnungen: Wolf, 1992, S. 356–368, Teufel, 2000, Tabelle 1, zum Beispiel Arbeitskreis Verkehr und Umwelt Umkehr, »Verkehrskosten«, *Verkehr Kompakt* 4/2000, *External Costs of Transport. Update Study. Final Report*, Zürich/Karlsruhe. 2004, S. 71.
18 ICLEI-Europasekretariat; Kraut (Hg.), »Wieviel zahlt unsere Kommune für den Autoverkehr?«, *Arbeitsblätter zur Aufdeckung versteckter Subventionen für den motorisierten Individualverkehr*, 2001, unterstützt vom Umweltbundesamt.
19 ICCT, Februar 2019, https://www.theicct.org/sites/default/files/publications/Germany_pollution_heath_transport_factsheet_20190226.pdf (abgerufen April 2019).
20 Zahlen nach https://de.statista.com/statistik/daten/studie/154574/umfrage/anteil-gewerblicher-pkw-in-deutschland-nach-ausgewaehlten-haltergruppen (abgerufen April 2019), sowie Wolf, *Sackgasse*, S. 92, und Wolf, *Krise*, S. 15 f.
21 *Die Zeit*, 1. August 2018.
22 Zitiert nach Ralf Schröder, »Seit an Seit«, *Konkret* 11/2009, S. 22.
23 *FAZ*, 29.10.2007.
24 Zängl, *Rasen im Treibhaus*, S. 13 f.
25 *FAZ*, ebenda.

26 »Porsche-Betriebsratschef Uwe Hück hat die grün-rote Regierung davor gewarnt, mit ihrer autokritischen Haltung Arbeitsplätze zu gefährden«, *Stuttgarter Zeitung*, 11. Mai 2011.

27 Franz, *Die Rettung von Opel vor der Insolvenz. Das Beispiel gelebter Mitbestimmung*, 2017.

28 »Franz fordert eindeutige Grenzwerte für Autos«, *Frankfurter Rundschau*, 22. Mai 2017.

29 Krull, *Hauptsache Arbeit?*, *Sozial.Geschichte Online* 24/2018, S. 144 ff.

30 VW AG, *Geschäftsbericht 2017*, nach Krull, a. a. O., S. 151. Für das Folgende auch Krull, a. a. O., S. 152 ff.

31 Krull, a. a. O., S. 154.

32 Statistisches Bundesamt und Wolf, *Sackgasse*, S. 209.

33 Laut Bundesanstalt für Arbeit (Januar 2019) gibt es übrigens zusätzlich knapp 7,4 Millionen geringfügig Beschäftigte.

34 Wolf, *Sackgasse*, S. 208–210, auch für das Folgende.

35 Gärtner, »Abgesang aufs Auto. Elektrofahrzeuge, CO_2-Emissionen und alternative Verkehrs- und Beschäftigungskonzepte«, *Telepolis*, 2009; http://www.heise.de/tp/r4/artikel/31/31641/1.html (abgerufen April 2019).

36 Dank an Winfried Wolf für die Hinweise.

37 Siehe https://meedia.de/2019/01/18/adac-schrumpft-print-titel-motor welt-um-acht millionen-hefte-und-sucht-fuer-produktion-externen-dienst leister (abgerufen April 2019).

38 Parteiprogramm der AfD, 2018, Langfassung, S. 183.

39 Ramstetter, damals Chefredakteur, *ADAC Motorwelt* 11/2004.

40 Warnung vor »Rowdys«, *Tagesspiegel*, 9. April 2019.

41 »Autofrei für ADAC nicht mehr tabu«, *Frankfurter Neue Presse*, 18. Januar 1990.

42 Petersen, Schallabeck, *Verkehrsstauungen in Deutschland*, 1998.

43 Siehe auch Grenier, »Die Interessenwahrer des Straßenbaus«, in: Leif und Speth (Hg.), *Die stille Macht*, 2003, S. 213–237, https://netzwerkrecherche.org/wp-content/uploads/2015/02/die-stille-macht.pdf (abgerufen April 2019).

44 Siehe https://www.zellamsee-kaprun.com/de/events/ionica/mobility-forum (abgerufen April 2019).

45 *Deutsches Autorecht* 1/2002, S. 12, zitiert ebenda.

46 »Abfuhr für den ADAC« *taz*, 10. Dezember 2009.

47 Siehe https://www.theicct.org/sites/default/files/publications/Lab_to_Road_2018_fv_20190110.pdf, zusammen übrigens mit internationalen Autozeitschriften beziehungsweise Plattformen darunter Spritmonitor.de und deutsche Kfz-Blätter wie *Auto Bild* sowie Institute wie DIW, INFRAS, IFEU und dem UBA.

48 Siehe https://www.adac.de/verkehr/mobilitaets-trends/mobilitaet-2040/raeume/condensed-space-staedte-als-transformatoren-der-mobilitaet/?redirectId=quer.Raeume%20Condensed%20Space (abgerufen April 2019).

49 Die zum Glück durch den Einsatz eines ehrlichen und denkenden Sozialdemokraten, bislang verhindert wurde.

50 Die Grünen: *Das Bundesprogramm*, 1980, S. 14; https://www.boell.de/sites/default/files/assets/boell.de/images/download_de/publikationen/1980_001_Grundsatzprogramm_Die_Gruenen.pdf.

51 Interview mit Dieter Drabiniok in *Auto Motor Sport* 7/1985, S. 185.

52 Schmidt u. a., 2005, S. 6; dito die folgenden Zitate: S. 6 ff. und 15.

53 Siehe http://www.entwicklungspotenziale.de/wp-content/uploads/2008/06/green_car_concept.pdf.

54 *Spiegel online* 7. Mai 2019, https://www.spiegel.de/wirtschaft/unternehmen/robert-habeck-kritisiert-elektro-strategie-von-volkswagen-a-1266084.html.

Die Megaautokrise – unsere Chance

1 Siehe https://www.duh.de/projekte/dieselabgas-betrug (abgerufen April 2019).

2 Groneweg/Weis, Misereor/Brot für die Welt/PowerShift (Hg.), *Weniger Autos, mehr globale Gerechtigkeit*, 2019, S. 10.

3 Ebenda, S. 16.

4 Pressemitteliung der DUH, 19. September 2015, https://www.duh.de/presse/pressemitteilungen/pressemitteilung/fahrverbote-fuer-diesel-pkw-in-deutschen-staedten-ab-2016-und-entzug-der-typengenehmigung-als-folge (abgerufen April 2019).

5 Lobbycontrol, in: Groneweg/Weis, Misereor, *Weniger Autos*, S. 16.

6 Siehe https://www.lobbycontrol.de/2017/09/lobbykontakte-bundesregierung-bevorzugt-die-autoindustrie.

7 Siehe https://www.bmvi.de/SharedDocs/DE/Anlage/VerkehrUndMobilitaet/Strasse/bericht-untersuchungskommission-volkswagen.pdf?__blob=publicationFile (abgerufen April 2019).

8 Lobbycontrol, in: Groneweg/Weis, Misereor, *Weniger Autos*, S. 16.

9 Ebenda, S. 17.

10 Siehe https://www.duh.de/projekte/dieselabgas-betrug/chronologie (abgerufen April 2019).

11 Siehe https://www.bmvi.de/SharedDocs/DE/Anlage/VerkehrUndMobilitaet/Strasse/bericht-untersuchungskommission-volkswagen.pdf?__blob=publicationFile, S. 122 f. (abgerufen April 2019).

12 *Spiegel online*, 21. Juli 2017, und *Spiegel* 30/2017, 22. Juli 2017, https://www.spiegel.de/spiegel/vw-audi-porsche-bmw-und-daimler-bildeten-ein-kartell-das-auto-syndikat-a-1159389.html.

13 Wolf, *Sackgasse*, S. 29.

14 Ebenda.

15 *Spiegel* 30/2017.

16 Wolf, *Sackgasse*, S. 30.

17 Ebenda, S. 28, auch für das Folgende. Siehe auch *Handelsblatt* vom 17.7.2017, Verdacht der Absprache bei deutschen Autokonzernen und die Wirtschaftswoche vom selben Tag, https://www.wiwo.de/unternehmen/auto/abgasskandal-auto-kartell-soll-sich-ueber-jahre-abgesprochen-haben/20090404.html (abgerufen April 2019).

18 Siehe https://www.duh.de/projekte/dieselabgas-betrug (abgerufen April 2019).

19 Ebenda

20 Wolf, *Sackgasse*, S. 28, mit Hinweis auf den Artikel vom 21. Juli 2017 im *Handelsblatt*.

21 Ebenda, mit Hinweis auf das *Handelsblatt* vom 9. Oktober 2018.

22 *Süddeutsche Zeitung*, 6. Dezember 2017.
23 Siehe https://de.wikipedia.org/wiki/Abgasskandal (abgerufen April 2019).
24 *Die Zeit*, 15. Mai 2017, https://www.zeit.de/wissen/gesundheit/2017-05/abgase-dieselfahrzeuge-stickoxide-tote-studie/komplettansicht (abgerufen April 2019).
25 Die Studie stammt vom Anenberg u. a., die Zusammenfassung vom Mai 2017: https://www.nature.com/articles/nature22086 (abgerufen April 2019).
26 Faktencheck zur Sendung vom 12. März 2019, https://www.zdf.de/comedy/die-anstalt/fakten-im-check-der-anstalt-118.html (abgerufen April 2019).
27 Siehe https://www.duh.de/projekte/dieselabgas-betrug (abgerufen April 2019).
28 Gietinger, *Totalschaden*, S. 256.
29 Siehe https://www.duh.de/themen/luftqualitaet (abgerufen April 2019).
30 Siehe https://www.duh.de/projekte/dieselabgas-betrug/chronologie (abgerufen April 2019).
31 Siehe https://www.duh.de/presse/pressemitteilungen/pressemitteilung/bayerischer-verwaltungsgerichtshof-wirft-der-staatsregierung-gezielte-missachtung-des-gerichts-vor und das dazugehörige Urteil, https://www.duh.de/fileadmin/user_upload/download/Projektinformation/Verkehr/Luftreinhaltung/BayVGH_EuGH-Vorlage_zu_Zwangshaft_wegen_Diesel fahrverbot_M%C3%BCnchen_geschwaerzt.pdf.
32 *WHO Global Urban Ambient Air Pollution Database* 2016, https://www.who.int/phe/health_topics/outdoorair/databases/cities/en, http://gamapserver.who.int/gho/interactive_charts/phe/oap_exposure/atlas.html Siehe auch *Die Zeit*, 7.2.2019, https://www.zeit.de/2019/07/umweltschutz-luftver schmutzung-stickoxide-feinstaub-smog-atmung (abgerufen April 2019).
33 Groneweg/Weis, Misereor, *Weniger Autos*, S. 18.
34 Ebenda.
35 Schwarzer,»Der WLTP und die Folgen«, https://m.heise.de/autos/artikel/Der-WLTP-und-die-Folgen-4219183.html?seite=all (abgerufen April 2019).
36 Bratzel in der *Süddeutschen Zeitung*, 20. Februar 2018, zitiert nach Wolf, *Sackgasse*, S. 37.
37 Wolf, *Sackgasse*, S. 37.

Scheinalternativen

1 *Gruppe emeritierter Verkehrsprofessoren*, unterzeichnet von: Gerd-Axel Ahrens (TU Dresden), Klaus J. Beckmann (RWTH Aachen), Werner Brilon (Universität Bochum), Carmen Hass-Klau (Bergische Universität Wuppertal), Helmut Holzapfel (Universität Kassel), Hartmut Keller (TU München), Peter Kirchhoff (TU München), Uwe Köhler (Universität Kassel), Eckart Kutter ((TU Hamburg-Harburg), Gerd Sammer (Universität für Bodenkultur, Wien), Robert Schnüll (Universität Hannover), Hartmut Topp (TU Kaiserslautern), Manfred Wermuth (TU Braunschweig), Heinz Zackor (Universität Kassel), Dirk Zumkeller (Karlsruher Institute of Technology), 14. November 2017.
2 Zängl, *Elektroautos: Nein danke!*, 1992, S. 5, http://www.goef.de/_media/dokumente/elektroauto_nein_danke.pdf (abgerufen April 2019).
3 Helms u. a., IFEU, 2019.

4 »Im Winter werden aus 400 Kilometer schnell mal 200, und ständig mit dem Kabel durch die Gegend zu laufen und nach Ladesäulen zu suchen, ist sicher nicht vergnügungssteuerpflichtig.« Ferdinand Dudenhöfer, laut Becker, *Süddeutsche Zeitung*, 7. September 2018, zitiert nach Zängl, »Zitate zum Elektroauto«, *Elektroauto. Chronik eines Irrtums*, http://www.irrtum-elektroauto.de/zitate-zum-elektroauto (abgerufen April 2019).

5 ADAC, *Autotest VW e-Golf*, 2018, S. 2.

6 »Based on our review greenhouse gas emissions of 150–200 kg CO_2-eq/kWh battery looks to correspond to the greenhouse gas burden of current battery production.« Romare/Dallhöff, *Greenhouse-Gas-Emissions from Lithium-Ion-Batteries*, IVL, 2017, S. iii sowie 28 und 42. Die Spannbreite ergibt sich aus dem unterschiedlichen Strommix, bei der Herstellung – in Schweden mit Wasserkraft, in Polen, China und Indien mit viel Kohlekraftwerken.

7 Ein Journalist hatte dies auf einen Tesla S umgerechnet und mit einem Verbrenner-Golf falsch – mittels jahrelang geltenden NEFZ Betrugsmessung – verglichen. Der Golf kam dabei zu gut weg. Und von gut 17 Tonnen Öko-Rucksack des Tesla war da die Rede – was 8 Jahre Golffahren »erlaubt« hätte, bis der Startrucksack des Tesla erreicht würde. Das war zu hoch, darf aber nicht darüber hinwegtäuschen: Der Originalwert der schwedischen Forscherinnen beziehungsweise die Spanne von 150 bis 200 Kilogramm pro Kilowattstunde ist durchaus realistisch; man kann hiermit durchaus richtig gemessene Vergleiche anstellen, kommt dann aber auf einen kleineren Rucksack. Der ist immer noch größer als beim Verbrenner.

8 IFEU 2011, nach UPI, *Elektroautos*, 2017.

9 UPI, *Elektroautos*, S. 6.

10 Siehe https://www.cesifo-group.de/DocDL/sd-2019-08-sinn-karl-buchal-motoren-2019-04-25.pdf.

11 Siehe https://www.bmu.de/fileadmin/Daten_BMU/Download_PDF/Verkehr/emob_klimabilanz_2017_bf.pdf. Auch die Berechnungen sind fehlerhaft, da die angegebenen Werte für das Dieselfahrzeug (85 g/km) falsch in die Grafik übertragen wurden (circa 110 g/km), die vom Benziner und hybrid aber richtig.

12 *Auto Motor Sport* 9/2019. Dank an Markus Schmidt für den Hinweis.

13 Die Zahlen von 2016 nach WHO, *Global Status Report on Road Safety 2018*, S. 122 und 162.

14 Zängl, »Fazit«, *Elektroauto. Chronik eines Irrtums*, http://www.irrtum-elektroauto.de/fazit (abgerufen April 2019), auch das vorige Zitat.

15 Becker, »Ohne Spannung«, *Süddeutsche Zeitung*, 12. Mai 2018, nach Zängl, »Zitate zum Elektroauto«, *Elektroauto. Chronik eines Irrtums*, http://www.irrtum-elektroauto.de/zitate-zum-elektroauto (abgerufen April 2019).

16 Seifried, »Klimakiller Elektroauto«, *Frankfurter Rundschau*, 20. Februar 2017. Seifried hat dazu auch ein Papier erarbeitet: Seifried/Albert-Seifried, *White Paper. EU Fleet consumption regulation undermines climate protection*, Ö-Quadrat/Freiburg 2019, http://www.oe2.de/fileadmin/user_upload/download/White_Paper_EU_fleet_consumption_regulation_2019.pdf.

17 Teufel, *Ökologische Folgen von Elektroautos*, 2017, S. 10 f., auch für das folgende Zitat.

18 Groneweg/Weis, Misereor, *Weniger Autos*, S. 23, mit Quellenangaben.

19 Michael Bauchmüller, »Wie ökologisch ist ein Elektroauto?«, *Süddeutsche Zeitung*, 9. Mai 2016.
20 Groneweg/Weis, Misereor, *Weniger Autos*, S. 25, mit Quellenangaben.
21 Groneweg/Weis, Misereor/UBS, https://neo.ubs.com/shared/d1wkuDlEb YPjF.
22 Diese und folgende Zahlen nach Groneweg/Weis, Misereor, *Weniger Autos*, S. 26.
23 Ebenda, S. 26.
24 Wächter, Abteilungsleiter Sicherheit und Rohstoffe beim BDI, zitiert nach Groneweg/Weis, Misereor, *Weniger Autos*, S. 27.
25 Groneweg/Weis, Misereor, *Weniger Autos*, S. 26.
26 Ebenda, S. 27.
27 Ebenda, S. 28.
28 Ebenda, S. 35.
29 Ebenda und auch für das Folgende, S. 36.
30 Ebenda, S. 36.
31 Teufel, *Ökologische Folgen von Elektroautos*, http://www.upi-institut.de/ UPI79_Elektroautos.pdf, S. 36–44, Wolf, *Sackgasse*, 2019, S. 104–116, Zängl, *Elektroauto. Chronik eines Irrtums*, http://www.irrtum-elektroauto.de/ lexikon/Bumerang-Effekt (abgerufen April 2019).
32 Agora Verkehrswende, https://www.agora-verkehrswende.de/12-thesen/ effizienz-ist-leitprinzip-der-verkehrswende (abgerufen April 2019).
33 *Fairkehr* 3/1991, S. 18, zitiert nach Zängl, »Zitate zum Elektroauto«, *Elektroauto. Chronik eines Irrtums*.
34 Fromm, »Wir müssen uns zur Wehr setzen«, *Süddeutsche Zeitung*, 25. Mai 2013, zitiert nach Zängl, »Zitate zum Elektroauto«, *Elektroauto. Chronik eines Irrtums*.
35 Bauchmüller und Fromm, »Auf der Kriechspur«, *Süddeutsche Zeitung*, 28. Mai 2013, zitiert nach Zängl, »Zitate zum Elektroauto«, *Elektroauto. Chronik eines Irrtums*.
36 Teufel, *Ökologische Folgen von Elektroauto*, S. 39.
37 Helms u. a., IFEU, 2019.
38 Bis zu 41 Prozent und mehr, Helms u. a., ebenda, S. 51.
39 Helms u. a., ebenda, S. 9 f.
40 Nach Teufel, *Elektroauto*, S. 35 f.
41 Tatsache ist, dass die besonders gefährlichen Emissionen, nämlich Feinstaub, auch beim Betrieb von Elektrofahrzeugen lokal entstehen. Der aufgrund der aktuellen Debatten um den Dieselmotor sehr gut untersuchte Straßenquerschnitt am Neckartor in Stuttgart, wo die Feinstäube bis zurück zur Quelle analysiert wurden, zeigt zum Beispiel, dass mindestens 85 Prozent der emittierten Feinstäube der Größe PM 10 nicht aus den Motoren kommen. Beckmann, Holzapfel und Sammer, *Professorenpapier*, 17. November 2011.
42 Das Folgende nach Seifried, White Paper, 2019, S. 6. http://www.oe2.de/ fileadmin/user_upload/download/White_Paper_EU_fleet_consumption_ regulation_2019.pdf (abgerufen: April 2019).
43 Zängl, *Elektroauto: Nein, danke!*, 1992, S. 17.
44 *Auto Motor Sport* 10/2001, zitiert nach Schmidt, *Eingebaute Vorfahrt*, S. 430.
45 *ADAC Motorwelt* 1960, nach Schmidt, *Eingebaute Vorfahrt*, S. 480.

46 IFEU, *Strombasierte Kraftstoffe. Kurzgutachten*, 2018, https://vm.baden-wuerttemberg.de/fileadmin/redaktion/m-mvi/intern/Dateien/PDF/181126_Klimaschutz_Kurzgutachten_Strombasierte_Kraftstoffe_ifeu_ZSW.pdf, S. 15 (abgerufen April 2019).

47 IFEU, *Kurzgutachten*, S. 5.

48 Reindl, »Schöne neue digitale Welt«, *Saarbrücker Hefte* 1/2019, S. 38.

49 Städtetag, *Nachhaltige Städtische Mobilität für alle*, 2018, http://www.staedtetag.de/imperia/md/content/dst/veroeffentlichungen/mat/positions papier-nachhaltige-staedtische-mobilitaet.pdf (abgerufen April 2019).

50 Reindl, ebenda, S. 38.

51 Ebenda, S. 39.

52 Ebenda, S. 41.

53 Marx, *Kapital* 1, MEW 23, S. 85–98.

54 Siehe https://record.umich.edu/articles/induced-driving-could-offset-self-driving-cars-energy-savings.

55 Groeneweg/Weis, Misereor, *Weniger Autos*, S. 24, mit Quellen.

Die große Chance – Rettung naht

1 Siehe https://www.clevere-staedte.de/%C3%BCber-uns.

2 Siehe https://www.adfc.de/artikel/radentscheide-in-deutschland-1.

3 Siehe https://adfc-berlin.de/aktiv-werden/bei-demonstrationen/sternfahrt/673-auf-zur-sternfahrt-2019.html (abgerufen April 2019).